WIZARD

NLPトレーディング

投資心理を鍛える究極トレーニング

著者 エイドリアン・ラリス・トグライ
訳者 井上 実

Winning Edge 4

Adrienne Laris Toghraie

Pan Rolling

日本語版への序文

「神経言語プログラミング（ＮＬＰ）」の研究は、そのほか多くの心理学と同じように「モデル化の科学」である。私は、このＮＬＰの技術を人々が夢と目標を実現するのに役立てている。特に私が対象としている人々は、トレーダーや投資家だ。金融市場でリスクを取る人間にとって、相場を克服する唯一の方法が「自分自身を克服すること」であると知ったからである。

私の父方の家系は、家族史に記録されているかぎり、男子は皆、ギリシャで潜水夫をしていた。日本で真珠取りをされている海女さんからも明らかなように、大海の真ん中で深く潜り込むのは、世界で最もリスクの高い仕事の一つである。

母方の家系は、ギリシャ高山地にあるマニという街を出所とする。マニは女性が戦士だったことで知られるところだ。男たちが戦争に行ってしまったとき、女たちは侵略者から自分自身と家を守る術を学ばなければならなかったのである。

こうして、リスクを取る人《リスクテイカー》としての父方の家系、そして女戦士としての母方の家系があるからこそ、私は恐怖を克服しようとするトレーダーや投資家を支援するのに必要な基盤を受け継いでいるのだと思う。

恐怖は、トレーダーや投資家が自分のルールに従うために欠かせない規律を保てなくしてしまう、そして大きな成功を収めるのに必要なリスクを取れなくしてしまう大きな原因である。成功の恐怖、失敗の恐怖、間違いの恐怖……何であれ、恐怖は相場で最高のリターンを上げることを阻むのである。

私は、規律を持ち、自分の心に潜む悪魔を克服しようと願う金融界の戦士たちと仕事をしている。ちょうど、いにしえの日本の武士たちが、自分の敵に打ち勝つだけの心理的強さを手にするため、自分自身に精通しなければならなかったように、高く極めたい人間はそうするのである。

人生を始めたばかりの人は、全く何も知らない。そのため疑念がなく、障害がなく、躊躇しない。しかし、学び始めるとしばらくして臆病になり、用心深くなり、自分の心を締め付けるものを感じ始める。そのことが、かつて学問を受ける前には実践できていたことを阻んでしまうのだ。学問は必要である。しかし、それにとらわれてはならない。習得すること。そうすれば、望

んだときにそれを利用できるようになる。

柳生宗矩（一五七一～一六四六）

金融業界の第一人者たちは、世界経済に影響力を持つことからも、他分野の非常に高く尊敬されているプロと同じぐらい、すべての人々にとって重要な存在である。こうしたリスクテイカーたちのおかげで、私たちはかぎりなく便利で豊かな生活を送ることができるからだ。つまり、トレーダーが健全な活躍をすることで経済成長が支えられるわけだ。これは誰にも恩恵がある。

トレーダーや投資家は、たとえ金融法人や企業に勤務する人でさえ、企業家的思考を持たなければならない。これは自分自身のため、あるいは自分が勤める会社のために収益を上げられる唯一の方法だ。

企業家的思考は誰にとっても重要である。かつて企業はピラミッド型の組織で運営されていた。しかし現在は、ある種のチームワークがモデルとなっている。将来の企業環境では、各従業員が損益に責任を持つ独立したビジネスマンとして自分を見るようになり、同僚はあたかも自分の同盟者のように共に働く人となるだろう。

ひょっとすると東洋では、心理的問題の重要性がまだ認知されてきたばかりなのかもしれない。ネガティブな心理は個人の本来持つ能力に制限を課そうとする。それを乗り越え、能力を伸ばす方向に心理を変化させる方法を追及するのは、弱さの象徴ではない。トレーダーや投資家が自分自身あるいは自分の会社にとって高い金銭的成功を達成するために自分の悪魔と戦おうという意思を持つこと、それは西洋社会では「強さの象徴」なのだ。

非常に大きな成功を遂げたトレーダーや投資家から学んだ最も重要な教訓のひとつが、投資ルールを単純に維持することである。自分の売買システムや売買手法をより複雑にしてしまうほど、物事は間違ってしまう可能性があるのだ。複雑なのは、トレーダーが自分自身と相場について学んでいる最初のときだけである。

複雑だが全く単純で、率直であると同時に深い。茶の湯はいろいろな意味で、武士の理想であるだけでなく、日本の地の象徴である。

「トレーダーズコーチ」として私は、トップトレーダーから学んだ成功モデルを顧客がより一貫した収益を実現するために役立てている。そしてトレーダーを熟練者へと指導するために東洋哲学の原理を利用している。熟練者とはテクニカル分析のルールを超越して裁量的判断が下せるようになったトレーダーのことである。ただし、その前にトレーダーは、心理的変化を経験しなければならない。

本書で皆さんは、私が顧客との仕事を通して学んできた教訓のいくつかを知ることになる。また本書には、こうした問題を克服するために私がどのような手助けをしたのか具体的なエクササイズが紹介されている。さらに深い問題は潜在意識で処理されなければならないとはいえ、本書は自分をさらに高めていく終わりなき旅を支援してくれるものとなるだろう。

私は自分自身と相場を克服するために避けられない挑戦に備えて何でもしようとする希少な個人と仕事をすることを楽しみにしている。本書は武士にとっての新しいモデルなのだ。

エイドリアン・トグライ（トレーダーズコーチ）

www.TradingOnTarget.com

目次

第2部　個人と感情の問題――93

第3部　妨害のワナを避ける――165

第４部　トレードを改善する戦略――215

第５部　身体とトレード――281

本書を次の人たちに捧げる。

平和
平等
正義
自由

これらを求め、防ぎ、守る人たちに。
そして、恐怖に打ち勝った人たちに。
私たちが健全な経済活動と豊かな人生を享受し続けられるのは、
この人たちのおかげである。

謝辞

リック・モーガン――ひらめきとユーモアにあふれた挿絵を描いてくれた。

ウェンディ・クロウズ――本書の編集作業を仕切ってくれた。私にとって計り知れないほど大切な右腕である。

アントニア・ウイークス――私に書き方を教えてくれた。絶えず私に「で、あなたが本当に言いたいことは何なの？」と質問し続けてくれたことが、一つひとつの段階で助けとなった。

ロジャー・レイマー――私たちにとって計り知れぬほど大切な編集者である。

そして……だれもがそこから教訓を学べるような経験談を提供してくれたすべてのトレーダーたちに特別な謝意を表したい。

序文
Preface

「神経言語プログラミング（NLP）」はモデル化の科学として知られる。分野にかかわらず、卓越した人の行動、戦略、考え方を見習うことが、自らも同じ成果を上げるのに最も迅速かつ効果的な方法というわけだ。事実、私が「トレーダーズコーチ」として勝つトレーダーを目指す人々に教えているトレーニング法は、長年このビジネスの勝利者たちと接するなかで培った成功モデルを応用したものである。

こうしたモデルはメタファー（隠喩）を用いると理解しやすい。単なる説明よりも、物語性があったほうが人に訴えやすいからだ。

次に挙げる三つのメタファーには、トレードなどの分野で成功し、さらに上のレベルを目指す人々を私が指導するときに用いている基本モデルが含まれている。このモデルは、私の一連の著書「ウイニングエッジ」シリーズで一貫して使っているものである。

1　もし農夫が作物に何らかの問題を抱えているとしたら、通常は植物の根に原因がある。

2　映画『勝利への旅立ち』（原題『Hoosiers』）で、ジーン・ハックマン演じる大学バスケットボールの名コーチは、私的問題から無名の高校で働くはめになる。しかし、個人的な問題はさておき、彼はやはり偉大なコーチであった。その証拠に、州最下位の高校バスケチームを一シーズンで優勝に導いたのだ。彼はこのささやかな奇跡を、基礎に集中することで成し遂げた。

3　オリンピックのコーチがミスを犯した選手たちを指導している姿を見ると、コーチが選手に同じ技を何度も何度も繰り返しさせているのが分かる。選手が正しい動きを頭と筋肉の両方で覚えるまで続けているのだ。

モデル

トレーダーが私のところに指導を受けにくるときは、たいてい治療の必要な問題を抱えている。そして私は先ほどの三つのメタファーの基盤となるモデルを用いて治療にあたるわけだ。

最初のステップは、問題の根を探ることである。その根っこは通常、改善や癒しを要する過去の出来事へとつながっている。それが分かると今度は、段階を追って、その問題に対処していくことになる。こうした問題の具体例は本書のなかでも紹介しているので、ご自身で試していただくことも可能だ。

次のステップは、顧客に新しい能力を開発するための基本を理解してもらい、確実にこなしてもらうことである。

そして最後に、いったんうまくいくようになれば、それを何度も何度も繰り返す。やがてその体験が、まばたきのように無意識にされるようにするのである。

個人客やセミナー参加者と話をすると、直したほうがよいと思える問題が見えてくる。私は後ほどそれらを書き出し、問題を克服する作戦を提案している。その多くは、これまで何度も書いてきたことだ。こうした問題は、トレードの成功にあまりにも根本的であるため、例えば売買ルールに従うことができないなど、さまざまな形で現れ続ける。

私は、こうした根本問題には、いろいろな角度から取り組むのがよいと考える。人にはそれぞれ独自の事情があるからだ。そうした事情を理解することで目標達成の見通しが生まれてくる。

自分のルールを一貫して守れるトレーダーは、基本を理解している。そうなるためには、基本を意識レベルだけでなく、無意識の状態でも理解できていなければならない。つまり、自動的に行動できなければならないわけだ。

トレードの技量がトップレベルのパフォーマンスを一貫して保てるまでになれば、最も大切なことは「正しい行動」だ。本書をその強化手段として利用していただければ幸いである。

献辞
Dedication

書店の投資書・ビジネス書のコーナーを巡回するのは、私にとって至福のひとときである。ほとんど見かけ倒しの本の山をかき分けるのが好きなのだ。

たしかに玉石混合である。神話、半信半疑、まぎれもない嘘っぱちのビジネス書は数多い。しかし、なかには本物のダイヤモンドも混じっている。

トレード書は二つのカテゴリーに分類される。紋切り型の取り組み方を示したハウツー本と、自伝的・心理学的にトレーダーの内面を描いた本だ。

前者に関して、私の場合、絶対にその内容を鵜呑みにしない。一つには、自分で調べていないものを信用しないからだ。

アート・コリンズ
(『マーケットの魔術師 大損失編』著者)

ただし、この手の書籍は「ひらめき」をもたらしてくれることがある。ブレイクアウトやオシレーター系指標に対する、創意に富んだ斬新なアプローチに出合うと、何週間も分析に夢中になってしまうくらいだ。

しかし、私にとっての掘り出し物は、どちらかというと後者のカテゴリーから見つかることが多い。トレードはあまりにも複雑かつ難しい経験である。したがって、戦いの最中、その諸問題を理解するのは不可能に近い。だからこそ、賢人のもたらす世界共通の見識は貴重な財産となるのだ。

エイドリアン・ラリス・トグライ氏は、そんな賢人の一人である。彼女は、最も高い評価を受けているトレーダーズコーチであり、神経言語プログラミングの権威だ。セミナー講師として世界中を駆け巡り、ＣＮＢＣ（米国の経済専門チャンネル）を含め、多くの経済関連番組に出演している。

もちろん「ウイニングエッジ」シリーズに代表される執筆業でも活躍中だ。実は、ある人から私の著書のテーマに彼女を推薦してもらうまで、トグライ氏の著作をうっかり見落としていた。しかし、電話でインタビューを始めた瞬間から、きわめて重要な情報源にめぐり会ったと分かったのである。

トグライ氏は、次から次へとびっくりするような「認識」を私にもたらしてくれた。

例えば、危機に陥っているトレーダーの典型的なケースだ。彼女は「損失は問題の最も目立つ部分にすぎない。その根底には、機能していない身体的、心理的な要素がたくさん潜んでいるのだ」と指摘する。

彼女はそれを「汚水槽」と呼んでいる。それが、あなたを引きずり込み、調子を狂わせるわけだ。しかも悪いことに、それは自己増殖する。

トグライ氏のコーチとしての仕事は、トレーダーがトレードを含む生活全般にわたってバランスを取り戻せるよう手助けすることにある。各人の抱える特定の問題が解消されると、その要素は調和しながら、ほかのすべての面を支えられるようになるからだ。そのため、彼女はストレス対処法から、栄養学にいたるまで、すべてを考慮している。

そしてトグライ氏には、自己規律やリスク管理といった、トレーダーの原則に関して、深い理解がある。心理学によっては、一二五万ドルも資産を上昇させた直後に一〇万ドルの損を出す行為を、単に無謀と片づけてしまうかもしれない。しかし、彼女は全体を考慮する。高いリスクを取ることは、最上級の利益を上げることと表裏一体なのだ。

彼女は、病的なギャンブルの問題でさえ、前後関係を重視しており、完全な抑制を主張するだけの伝統的なセラピストと一線を画している。

トグライ氏は強迫観念の方向を変えればよいと提案する。つまり、トレードを成功に導くために、トレーダーはリスク管理と同じくらいな執心さで、自らの習慣に気を配るべきというわけだ。

前向きな条件反射を促すには、日々の選択が大切になってくる。仕事場と人生からガラクタを一掃すれば、相場の「雑音」を取り除きやすくなる。そして自分の悪癖や、育ちの影響を認識することだ。特に何にでもストレスを感じるような場合は要注意である。

「生活態度を改めよう」と、ほかの人間が言うと、単純化されたり、抽象的に描かれたりするかもしれない。しかし、トグライ氏の言葉だと、自分とのつながりが見えてくる。自分個人への応用だ。

「言わせてもらえば、私のセミナーはすべて『自分の現実を造る』ということにつきるのです」と、私とのインタビューで彼女が語ったことがある。

「しかし、そこから得た経験をさらに高い水準の成功につなげていけるくらい意義深いものにするには、それなりのプロセスを経なければなりません」

そのプロセスとはトレーダーとコーチ、読者と著者が共にかじ取りをする手続きだ。

トグライ氏の技術のどれほどが、彼女自身の相場での経験、あるいは心理学研究で費やした年月から生まれたものなのか、あるいは生来の才能なのか、私は知らない。どちらかというと謎めいた女性である。ネコ好きで華やかな服装を好むというのも含めて、彼女についての評判は数々ある。

ただ、トグライ氏についてだれもが同意するのは、彼女が非常にオープンで親切だということだ。私もそう思う。そんな義理はなかったのに、彼女は時間とエネルギーを割いて、本のプロモーションのやり方をいろいろ伝授してくれた。

私は、小著への多大なる貢献はもちろん、彼女のそんな助力にも感謝している。また、彼女のような人物が社会に存在していることにも喜びを隠せない。そして書店にまた新たな宝物が出現したことに。

しかし何にも増して、この献辞を書かせていただくことを名誉に思う。ありがとうエイドリアン、あなたの信念の正しさが証明されることをお祈りする。

第1部
トレードとモデル化の戦略

Trading and Modeling Strategies

第1章　トレードに志願せよ
RECRUITING YOURSELF INTO TRADING

悪魔にそそのかされて

最近、電子メールで「人事部の女」という話を読んだ。それによると、その話の女性は死んで天国の門へと行き、天国に入るか地獄へ行くかで聖ペテロと交渉しているのだった。

聖ペテロは言った。

「本来なら行き先は決まっています。しかし、あなたの場合、選ぶ機会を差し上げましょう。後で決められるよう、両方の世界を体験していただきます」

先に体験したのは地獄での一日だった。そこで彼女は友人や親戚とゴルフに興じ、「最高にごきげんなひととき」を過ごした。

そして次に天国での一日である。雲の上に浮かび、平穏のうちに過ごした。

彼女は聖ペテロに向かって言った。

「こんなことを言うとは思いもよりませんでしたけど、地獄のほうが私に向いているようなんです」

その決断をもって彼女は地獄へと導かれた。そこで対面したのは、勝ち誇ったように笑みを浮かべて待ち構えていた悪魔であった。そしてその向こうに彼女が見たものは、苦しみ以外の何ものでもない、暗く荒涼とした風景だったのである。彼女は驚いて叫んだ。

「これ、どういうこと？　昨日来たときは、まるで楽園だったじゃない！」

悪魔が答えた。

「昨日は募集中だったからね。今日は現実を体験していただくのさ」

トレードの現実

トレードの世界に足を踏み入れてくる人々は、大半がリクルートをされてやってくる。自分の脳内に描いた夢に誘われ、やってくるわけだ。

あいにく、いったん本腰を入れる決意をしたら、その夢が実現することはないだろう。トレードは、多くの人々の夢をかなえさせてくれるビジネスである。しかし、優秀なトレーダーになるために必要な勉強をしていない者にとっては、生き地獄でしかない。

新人は、いきなり期待と異なる現実に直面することになる。すみやかに順応するか、さもなくば挫折するかだ。

ひよっこトレーダーがトレードに夢見るのは得てして次のようなものである。

- 自営業者としての自由
- 自分で自分のスケジュールを管理できる独立性
- 成否が自分の肩にかかっている責任感
- 莫大な利益を得る機会
- 変化への職業的挑戦

さて、その夢に対する現実に目を向けてみよう。

1　自営業者としての自由

プロのトレーダーとして自営業者になれば、個人的、職業的な自由があるのは当然のことである。この自由を手に入れたいという夢は、トレーダーにとって大きな動機づけとなる。

トレードの世界に足を踏み入れる人々の多くは、高度に組織化され管理された環境下で働いた経験をもつ。こういった人たちは、さほど能力のない連中、あるいは部下や雇用主のことよりも自分の昇進や権力に関心のある連中の監視下で耐えてきた。他人の管理下で自分の人生が刻々と過ぎていくように思え、だから自分自身が自分のボスになる日を夢見るというわけだ。

自由願望にとりつかれた人々のほとんどが、実際には自営の経験がない。古いことわざにあるように「自由は責任を伴う」のだ。自営という究極の自由には、事業をやりくりしていく責任がある。ところが多くは、トレードというビジネスに伴う責任の重大さに対する心構えができていない。大損を経験して初めて、ぞっとするような可能性が待ち構えていることに気づくのである。

●突然、廃業の憂き目に遭うかもしれない

● 当座の勘定を支払うだけの資金にもこと欠くかもしれない
● 翌週になっても、欠損を補うための収入がないかもしれない

両親の少なくともいずれかが事業家の家庭で育ったトレーダーでもないかぎり、トレードビジネスの継続につきものの現実に対処する心構えはないだろう。確かに、私が接したトレーダーのなかで、事業家の両親に育てられた人は、自分で事業をやりくりするリスクと報酬について熟知していた。こういう人たちは、個人の自由という、まばゆいばかりの幻想に惑わされたりしない。なぜなら、自由がタダでは手に入らないことを知っているからだ。突然、業績が下がったからといって、パニックに陥ったりもしない。ときにはそういうことが起きることを承知しているからだ。

相場は、目にも明らかなチャートや取引所だけでなく、トレーダーの自宅台所のテーブルにも影響する。こういった事実を理解したうえで、ビジネスには不可避の浮き沈みに備えていかなければならない。

アダムという、父親が事業家の家庭に育ったトレーダーがいた。彼は中学校に通っていたころに自分でちょっとしたビジネスを始めていた。事実、他人の組織で働こうとすると、すぐに不満がつのり、型どおりに行動できなくなるか、場を仕切ってしま

うようになるかのどちらかであった。

あるとき、彼はパートナーと組んでトレードを始めたものの、ほどなくして、仕事をしてリスクを負うのは自分だけで、そのわりにわずかな報酬しか得ていないことに気がついた。そこで、彼は自分のトレード会社を興し、事業を急速に発展させていったのである。

アダムは経済的に将来が不安になるような損失も体験した。しかし、起業家の人生を歩いていたので、業績に緩慢な月があるのも承知していた。つまり市場はやがて好転し、再び有利な状況に立てることが分かっていたわけだ。このような、事業家としての下地があったからこそ、アダムはトレーダーの「夢」をかなえることができたのである。

2　自分で自分のスケジュールを管理できる独立性

トレーダーになるのを夢見る理由の一つに、自分なりに自分の勤務スケジュールを組めるという期待がある。時間的な自主性とは「もはや六時三五分に通勤電車に乗って八時三〇分までに会社の机についていなくてもよい」ということだ。その気になれば、ヨーロッパで家族と五週間の休暇を過ごすこともできる。また、勤務時間を自由に設定することも可能だ。つまり、一日四時間働くのも、一五時間働くのも思いのままというわけだ。時間が自分のものになるということは、トレードという職業を途方もなく解放的で魅力的なものに見せてしまう。

この空想が夢だとすれば、現実とは何だろう？　確かに、自分はほかの誰のスケジュールにも従属していない。しかし、自営業のコツを知っている人なら、成功はもとより、生き残るためにスケジュールは不可欠であると承知のことだろう。

そう、それは自分のスケジュールに違いない。が、恐らくこの世界に入ったときに考えていたものとは違うのではないだろうか。午前八時三〇分の始業ではなく、九時まで仕事しなくてもよいかもしれない。しかし、スケジュールをこなそうと思うなら、毎晩八時まで働かなければならないかもしれないのだ。

フルタイムで働くプロのトレーダーは、ほかのあらゆる職業の訓練期間と同様、キャリアの最初に、それなりの時間的投資をする。これには、何百冊というトレード関係の書物や記事を読み、セミナーや展示会に参加し、心理的効果を磨き、売買システムを構築して、テストやつもり売買を実践することなどが含まれる。

こういった活動は、単に本番前の準備にすぎない。つまり、長い間、ひょっとすると何年もの間、商売にはならないということだ。

募集ブースのベア

いったんトレーダーが事業を開始すると（つまり、自分のシステムでトレードを始めると）、きっと時間に縛られることになるだろう。もし長期のポジションを取るのであれば、ヨーロッパで五週間の休暇を楽しむどころか、休みを取るのも渋り、奥さんに週末くらいはどこかへ出かけようと懇願されるかもしれない。

これで、夢の自由時間とは、おさらばだ。

3　成否が自分の肩にかかっている責任感

成功と失敗が自己完結であることを望む人にとって、トレードは期待どおりの職業といえる。ただし問題がある。事業家でない多くのトレーダーは、実際には失敗がつきものであるなど夢にも思わず、また経験したこともないということだ。相場での深刻な損失は、ベテランのトレーダーでさえ、きりきり舞いさせてしまう。初心者なら、事態はもっと悪くなり得るだろう。たとえ、その重大な損失の全責任を負ってよいと思ったとしても、その結果としてのしかかってくる自己不信、恐怖、罪悪感に対する心の準備はできていないのではないか。

現実は、精神的に十分鍛えられていないかぎり、また何ごとも飄々とやってのける希有な気質があるとか、事業家の家庭に育つでもないかぎり、大きな成功や失敗に対処できるトレーダーは、そうやたらといないということだ。

ブラッドは、恵まれた家庭で育ち、欲しいものは何でも簡単に手に入れてきた。彼は、自分に成功をもたらしたのは自分の優れた知能と性格のおかげであるという思い違いをしてしまった。彼は報酬に対する謙虚な態度とは裏腹に、自分の才能を信頼できることに満足していたのである。それまで何をしても失敗することがなかったので、たとえ失敗しても、たいしたダメージはなく、苦痛もなく、自分のテクニックを自動的に改良してくれる教訓くらいにしか考えていなかった。

その後ショックを受けるはめになったかって？　トレードがあまりにも苦痛に満ちた経験になってしまったので、三カ月ほど後には、過去の別の情熱を思い出して、そっちへと行ってしまったのである。

4　莫大な利益を得る機会

トレードという分野には、極貧から大金持ちになった話がいくらでもある。実際、こうした「悪魔のネタ」は無限に提供されている。近所の書店に足を運べば、自称「スーパートレーダー」の書いた本（あるいは、それについて書かれた本）がずらりと並んでいることだろう。

ある悪名高いギャングは、なぜ銀行を襲ったのかと聞かれてこう答えたという。

「そこにカネがあるからさ！」

市場には金がうなるほどある……。だから、その金を手にする誰かがいる……。そして「それが自分ではない理由があるだろうか？」という募集ポスターのセリフが、素人をマネーゲームに誘いこむのである。

現実は——というと、トレードでメシを食うまでにまっとうなトレーダーになろうと思ったら、半端でない努力が必要ということだ。莫大な利益を手にできるのは、熟練者となるため並々ならぬ努力を重ねたか、あるいは稀有な幸運とトレードにぴったりの安定した精神力を兼ね備え、成功すべく定められたほんのひと握りのトレーダーなのだ。

トレードについて学ぶ努力を怠る者、または生まれつきの事業家性格という幸運に恵まれていない者は、毎年たなぼた利益を上げるどころか、トレードで暮らしていくことさえ、苦労するだろう。

5　変化への職業的挑戦

トレードが常に流動的であることに疑いの余地はない。当初はそれが利点に見えるだろう。しかし、落ちぶれかけたトレーダーには、それが破滅につながることもある。研究とつもり売買を重ねて、ついに完璧な態勢が整ったと思ったら、情勢が変わることもある。

ロスの身に起きたのが、まさにそれだった。彼には、過去に好景気だった時期、ちょっとした財産を築いたやり方があった。しかし、景気が停滞すると、突然それまでのやり方は通用しなくなってしまったのである。

そんなロスの状況も、何年もピット（立会場）で活躍し、巨額の収入を得ていたフロアトレーダーほど深刻ではない。取引所が電子取引方式を導入するにつれ、オープン・アウトクライ方式（場立ちによる取引）は、ますます分が悪くなっている。個人的にやり方を変えなければならないのと、トレードの流儀そのものが変わってしまうのは全く別の問題である。

絶え間ない変化を乗り切れるのは才能である。それでも最もその才能に恵まれた者でも、やはり変化を受けての休養は必要であり、さもないと過剰な変化で疲弊してしまうだろう。

結論

もし、この章で述べた通念に引かれてトレードを志したとしたら、そろそろだまされていたことに気づいてよいころだ。

映画『プライベート・ベンジャミン』のなかで、陸軍の徴募官は、ゴールディ・ホーン扮するウブな若い未亡人に、海辺のリゾートにある分譲マンションの写真を見せて言葉巧みに誘いかける。

「これが新しい陸軍です」

ベンジャミン二等兵同様、あなたもトレード業界の上位一％だけを見て、それが「トレードの新世界」と結論づけてしまっていないだろうか。現実世界のトレードは、過去も現在も、厳しく容赦ない。

長期にわたって成功したければ、時間をかけて厳密なスケジュールを組まなければならない。津波のように押し寄せる変化の波をかわしながらも、完敗してすべてを失い、責任を負うはめになることだってある。夢なんかない。トレードには、熱意、努力、柔軟性、自己規律によって、相応の生活ができる現実があるだけだ。

第2章 「修行中」トレーダー
A TRADER "IN-TRAINING"

最高のトレードとは、パフォーマンスにつきる。長期にわたってトレードをうまく続けるには、常に良いパフォーマンスを続けていかなければならない。

得てして初心者は、勢い、まぐれ当たり、あるいは経験不足による怖いもの知らずから、目覚ましい結果を出すことがある。しかし、連日同じ結果を繰り返すには、ものすごいスタミナと経験、それに恐怖、苦痛、失敗と成功に対応できるだけの精神力が必要となる。そこでものをいうのが「修行《トレーニング》」だ。

良いパフォーマンスには、健康が不可決である。トップの成績を上げるには、豊富で安定したエネルギー供給が欠かせないからだ。豊かなエネルギーは、正しい選択をし、選択の結果を受け入れる力を与えてくれる。トレーダーがそんなエネルギー源を作る唯一の方法はトレーニングなのである。

オリンピック選手や、常に活躍を要求される人と同じことだ。最高の成績を上げるトレーダーとのインタビューで、私は彼らが自分に課すトレーニングの水準に驚かされた。彼らは自分の肉体的、精神的な健康をまるでトレードの資本の大部分を占めているかのごとく大切に考えている。トレードで良いパフォーマンスができなければ、金銭的体力も、一夜にして吹っ飛んでしまいかねないからだ。

トレードの常識

トレーダーには「これだけは分かっていなくては」ということがある。資金管理のルールを含め、実証済みの売買システムまたは方法論がなくてはならない。そのうえで心身、感情のバランスのとれた、ふさわしい心理状態が必要となる。

トレーダーが健康でないと、このバランスは生まれない。良好な健康を保つのは、日ごろの選択にある。一日中、毎日絶え間なく、トレーダーは自分の肉体と精神の健康を左右する選択をしているのだ。

- 大あわてで起きて一日を始めるか、計画的に始めるか
- 運動をしてから出勤するか、すぐにトレード画面に向かうか

- 朝食に何をとるか――プロテイン飲料にするか、ドーナッツとコーヒーにするか
- 昼食に何をとるか――全麦パンのツナサンドにするか、脂っこいハンバーガーとフライドポテトにするか
- 日中、休憩と充電のために散歩に出かけるか、疲れ果てるまで仕事を続けるか
- 薬物やアルコールを控えるか、誘惑に屈するか
- 時間を家族と過ごすか、テレビを観るか
- 少なくとも七時間の睡眠をとるか、深夜までチャートに張り付いているか

自分が修行中であるときは、何にもまして、一日のなかでの選択一つひとつが重要となる。それぞれの選択は互いに関係がないように見えるかもしれない。しかし、たった一つの誤った選択が、トレーニングを数時間、数日間、ことによってはそれ以上、脱線させてしまうことさえあるのだ。トレーニングを空回りさせてしまうような下手な選択は、トレーニングの結果に遅かれ早かれ響いてくる。しかも悪い選択が積み重なると、永続的なダメージを残すこともある。つまり生活のバランスが狂うことで、否応なしに思いがけない事態に陥ってしまうというわけだ。

次に挙げるのは、生活のバランスが崩れてしまったために、最高のパフォーマンス

がかなわなくなった人々の例である。

1　エド・マスキーは、米国メイン州選出の上院議員で、民主党の大統領候補として高い評価を得ていた。ニューハンプシャー州での予備選挙も後半に近づいたころ、彼は選挙運動のストレスから身も心もへとへとになり、記者団の前で感情を抑え切れなくなってしまった。この出来事は心の弱さの表れと捉えられ、マスキーの選挙運動はあえなく終わりを告げた。

2　エルヴィス・プレスリーは、恐らく世界で最も有名なロックスターだろう。彼が破滅したのは、ドーナツとドラッグがやめられなかったからである。抑制のきかない食習慣、そして処方された興奮剤と鎮静剤への依存を生んだのは、治療を受けずに放っておかれた情緒面の問題である。心の問題は、放置されるとほとんどの場合、不健全な物質的選択につながるものだ。

3　私の顧客のあるトレーダー。彼はトレードをビジネスとして成功させ、発展させてゆく間、何年も妻への配慮を怠っていた。ある日、帰宅してみると、妻が家にいない。彼は私に助けを求めてきた。長年の間、成功を収めていたのに、それ以降はトレードというトレードに失敗し、それまで積み上げてきたものをすべて失う危機に直面していたのだ。

ここで、自分の選択がいかに健康に影響を及ぼすことになるかを見ていこう。ダメージを防ぐ方法を段階ごとに追っていく。まずは私が「汚水槽」と呼ぶ穴を想像してほしい。この汚水槽には、自分の恐怖、不安、失望感、弱さ、ストレス、そして不健康が淀んでいる。

この穴にいったん落ちたら、そこから抜け出すのは容易ではない。時間がたつにつれ、深く「汚水槽」にはまり込み、脱出はますます困難になっていく。正しいことをしている場合でさえ、肉体的なストレス因子が重なると、ときに穴にはまってしまうことがあるのだ。

例を挙げよう。取引する銘柄を替えるまで、平均年収五〇万ドルを稼いでいたピットトレーダー（取引所の立会場で自己勘定の売買をするトレーダー）がいた。彼の生活には良好の部分もあったが、運動量は少なく、食事もよい選択ばかりとはいえなかった。家庭では三人の幼い子供たちがストレスになり、職場の大きな変化が追い討ちをかけた。これらストレスの要因が重なった結果、成績は著しく落ち込んだのである。

健康は民主主義ではない

民主主義社会では、私たちはみな等しい政治的権利を持って生まれる。しかし私たちはみな同じ水準の健康状態で生まれてくるわけではない。自分だけに与えられた健康の基準によって機能しているのだ。例えば、ある人は身体が弱く、高度な運動はできない。またある人は非常に健康で、肉体的な能力を難なく伸ばすことができる。大切なことは、普段人が「成績を伸ばす」という場合、個人の基準にあわせて伸ばすという意味でいっている点である。広い意味での一般的な基準ではないのだ。

同様の理屈が、健康にもあてはまる。なかには、自分の身体を酷使しても平気でいられる人もいる。彼らは同年代の人々より優れた免疫機能をもって生まれたかもしれないし、成長するにつれて免疫機能を強化していったのかもしれない。

こと健康に関して、照らし合わせるのは自分だけにしておくべきである。他人と比べたりしないことだ。独自の摂生トレーニング計画を立て、身体に良い選択をしていこう。この計画を継続すれば、パフォーマンスの改善となって表れてくるはずだ。

筋トレ中のブル

もう一つ大事なことがある。言い訳は状況を変えはしない、ということだ。正当化や弁解で健康から遠ざかることはできる。しかし、病気になれば休みを取って治すしかないという事実は依然としてあるのだ。

次に挙げる自己診断は、自分がどれほど真剣にトレーニングに取り組んでいるか、またいかに深く「汚水槽」に浸かっているかを測るものである。この診断結果を検討することで、現在自分がどの位置にいるか分かるはずだ。また、トレーニングを通して向上するにつれて、結果を比較することができる。

あなたをよく知る人に、あなたについて答えてもらうのも、とても有益だ。第三者から見たあなたの姿は、あなた自身の想像とかなり違っているだろう。

「修行中トレーダー」診断

負のエネルギー関連

まず「負のエネルギー関連」の問題に焦点を当てる。それぞれの項目に、五を最低点として一～五の「マイナス点」をつけてほしい。

1　**健康の問題**

- 依存性の行動（アルコール、ギャンブル、依存性薬物、タバコ、セックス）がある
- 慢性的症状（痛み、ストレス、不眠、怠惰）がある
- 副じん・免疫機能の低下がみられる
- 処方薬がある
- 深刻な出来事（病気）がある

2　**食事の問題**

- 過剰な摂取（砂糖、小麦粉、米、パスタ、防腐剤を使った脂っこい食物）がある
- 興奮剤（コーヒー）がある
- 摂食障害（過食、アンバランスな食生活）がある

3　**人間の問題**

- 批判（自分自身への、他人への）がある
- 不信（自分自身への、他人への）がある
- 家族（両親、結婚、子供、パートナー、親戚）に問題がある

●信頼できる友人がいない
●虐待（身体的、精神的、性的）を受けている

4 感情の問題

●過去に問題（育児放棄、愛されなかった、受け入れられなかった、ネガティブな過去をひきずる）がある
●うつの症状がある
●診断済みの機能障害、診断されていない機能障害がある
●見当識の喪失、妄想がある
●否定的な感覚（恐怖、怒り・激怒、不安、罪悪感、嫉妬、強欲、無価値感、愛されない、寂しさ）がある
●ネガティブな感情を抑えている
●愛することができない、愛情表現ができない
●未解決の葛藤（トラウマ、暴力）がある
●完全主義者である

5　**環境の問題**

- ●整理整頓がされていない
- ●混乱・妨害がある
- ●気の合わない同僚が近くにいる
- ●騒音がある
- ●空気が汚れている
- ●パソコン相手の仕事である

6　**家庭の問題**

- ●未成年の子供に問題がある
- ●愛する者と死別した
- ●別離・離婚をした
- ●お金に苦労している
- ●出産がある
- ●家族に病人がいる
- ●精神的サポートがない

●引っ越しをした

7　トレードの問題

●計画性のないトレードをしている
●トレード資金が不十分である
●トレードのモラルに欠けている（ルールを破る、過剰・過少トレード）
●資金管理に問題がある
●時間配分に問題がある（働き過ぎ、不摂生）

8　性格の問題

●約束を守らない（裏切り、不正、嘘、盗み）
●柔軟性に欠けている・時間にルーズである・短気である
●親切ではない
●怠惰である

正のエネルギー関連

次に「正のエネルギー関連」の問題に焦点を当てる。それぞれの項目に、十を最高点として一～十点を加えてほしい。

１　健康的な選択

●健康である（三食と栄養補助食品）

●習慣（瞑想、運動、休養、息抜き、休暇）がある

２　精神面での健康

●高い自己評価（自信、自尊心、自己価値の認識）がある

●充足感のある活動（社交、遊び、趣味、地域的交流）がある

●過去の問題を処理している

３　頭の体操

●パズル（計算問題、ゲーム）をする

●トレードに無関係のことを新たに学ぶ（トレード関連以外の本）
●トレード関連のことを新たに学ぶ（トレード関連本、刊行物、講座、セミナー）
●旅行をする

4　精神生活

●精神的コミュニティの会員である
●日々の祈り・誓いをしている
●健全で一人ではない、という安心感がある

5　人間関係

●愛（自分自身、ほかの人々に対して）がある
●愛情（家族、パートナー、友人、ペット）がある

マイナスとプラスの点数を合わせて、果たして自分が「汚水槽」に落ち込んでいるか、修行中のトレーダーかを判断しよう。毎週、点数を更新し、トレードの成績にはっきりと反映されるまで続けるとよい。

結論

「修行中トレーダー」査定を行い、その成績をもとに点数を出してもらった。あなたは日々の選択のおかげで、トレーニングを維持できているだろうか？　それとも「汚水槽」に深くはまっているだろうか？　自分自身がどの位置にいるか分かるだけでなく、自身が最大のパフォーマンスを発揮するためのトレーニングの水準が分かってくるはずだ。

プロのアスリートやパフォーマーのように、日々のトレーニングを欠かしてはならない。そうすることで、正しい選択を下し、長期にわたって成功し続けるために必要な「心身共に活力に満ちた状態」を保てるのだ。

第3章　トップトレーダーの作り方
MODELING TOP TRADERS

自分は世界をわがものにする、何者も自分がトップトレーダーになる道を阻むことはできない、と思っていたころを覚えているだろうか？　成功を心から信じ、売買システムを構築し、やがて堅実で満足のいく収益を上げることができた……。自分には支えとなる家族、夢のマイホーム、二台の車、カントリークラブの会員権がある……。満足はしているかもしれない。しかし、トップトレーダーではない。トップトレーダーへの夢を捨てていないなら、「では、いったいどうすればそうなれるのか」と思うだろう。ここまでずいぶん苦労してやってきたのだから、次の段階に飛躍できたらどんなによいか。

答えは「トップトレーダーと普通に優秀なトレーダーは紙一重」である。私はかなりの数のトップトレーダーと接してきて、次の条件はトップトレーダーになるために必要がないと分かった。

- 並外れて頭脳明晰である
- 高い教育を受けている
- たいへん運が良い
- 幸福で円満な家庭の出身
- 数学に秀でている
- コネがたくさんある
- ハンサムである

夢をあきらめる

自分が特別な能力を持った特別な人物ではないとすれば、計算されたリスクを前向きに取る必要がある。多くのトレーダーにとって、普通に優秀なトレーダーになるだけでも並大抵のことではない。しかし、トップトレーダーになるのが目標だったのであれば、そしてその目標をあきらめて守りに入ったとすれば、安心感を求める「自分の一面」によって無気力状態に陥ってしまうだろう。さらには結局、自分の安全な世界の崩壊にも直面することになるのだ。

リチャードはトップトレーダーになることを夢見ていた。滑り出しは好調で、まずまずの業績を上げることができた。間もなく結婚し、二人の子供をもうけ、家を購入した。生活は豊かで、トップトレーダーになる目標まであと一歩のところまできていた。

しかし、彼はそこで初めて大きなドローダウン（編注　引かされ幅）を経験した。そして突如、リチャードは失うものの大きさに気付き、おののいたのである。責任を負いきれないかもしれないという危惧から、それ以上のリスクを負うのが怖くなってしまったわけだ。

結果、リチャードはトレードと自分の生活の間に妥協案を打ち立てた。トレードの水準を現在の生活水準を保つのに必要なだけするというものだ。

このような妥協は、リチャードの幸せな生活を維持するのに十分であった。しかし、一つ欠けていることがあった……。

トップトレーダーになることこそ、彼の情熱の源であり、そもそもトレーダーになった動機であった。ところが彼はその夢を手放し、代わりに安心感を手に入れようとしたのである。確かに家族と安心を必要としていた「彼の一面」にとっては良かった。しかし、人生をフルに生きたいと願う彼の別の面にとっては、そうでなかったのだ。

心の奥底でリチャードが感じていた幻滅は、次第に彼の意欲をすり減らしていった。次第にトレードに向かうのが嫌になり、収入も減っていったのである。彼の心地良い妥協案は破たんしてしまったわけだ。

その後しばらくして、リチャードはトップトレーダーどころか、そこそこできるトレーダーでさえなくなり、やっとその日を暮らしていくありさまだった。

リチャードに欠けていた要素はなんだったのだろうか？

継続的な勝利戦略

マークは、夢をけっしてあきらめないトップトレーダーである。彼は初めから自分がトップトレーダーになれるだろうと考えていた。

目標到達へのステップを心得ていたわけではない。しかし経験から、ハードルを越えたり自己の限界を突き破ったりするたびに、学習すべきことがあり、新たなチャンスが開けることを知っていた。そこで、マークは突き当たるステップごとに、手本となる教師を見つけることにしたのだ。この作戦の結果、マークは一段一段確実に向上していった。

彼は天才でもなければ偉大な学者でもない。しかし、最良のものから最適なものを引き出す術に長けていた。マークは経験を重ねるにつれ、最高の人材を探し出し、その人たちから学んだ。

停滞期に入るたびに、彼はその状況を打破する方法を見いだした。そしてこの戦略により、自分の方法論ばかりに頼っていては、トレードの成績に限界が生まれると認識したのである。

そして未開拓の領域で残っているのは、自分自身と良い関係をもつことだった。マークは、自分の足を引っぱる偏見、内面的な葛藤や恐れといった、過去の問題と向き合わなくてはならなかった。この時点で、彼はトレードのパフォーマンスに心理学が大切であることに気づき始めたわけだ。

指導を受け、自分の心理的な問題を、優れたトレードを支える心理的な基盤に変えた。現在のところ、彼はトレード資金を増やし、顧客を富ませることに見事な手腕を発揮しているばかりでなく、助言者から知識を吸収し続けたおかげで、いまやほかの人々に助言を授けているほどだ。

教師になったことで、次のレベルの成功へ進むために必要なことが分かったのだという。彼は年間一〇〇〇万ドル近い収入を上げるまでになった。

芸術家ベア、ブル製作中

かぎりない信念

若きトップトレーダーのサムは、かつて自分のことを背の低い、容貌のさえない、個性にもカリスマ性にも欠けた人間だと思っていた。それでも彼はトップクラスのマネーマネジャーになろうと決心し、高い志とわずかな資金でトレードを始めた。

彼は「自分は営業にうといので、投資家をひきつけるために最高額のリターンがなければだめだ」と考えた。比較的成功しているマネーマネジャーが生み出すリターンは二〇％程度ということを知らなかった彼は、こうした限界にとらわれず行動し、家族の資金で一〇〇％以上のリターンを叩き出し始めたのである。

自分自身については限界を感じていたものの、トップトレーダーになれないかもしれないという限界的信念は持っていなかった。だからこそ彼は、トレード資金とは別に自分の資金はほとんどなかったのに、一セント残らずかきあつめて、私をトレードのコーチとして雇ったのである。

映画『マイ・フェア・レディ』のイライザ・ドゥーリトルとヒギンズ教授のように、彼を変身させるべく、私たちは彼の容姿に対する考えを変えることにした。まず、私たちは彼の背丈についての感じ方から変えていくことにした。なぜなら、それが彼の一番気にしていることだったからだ。背の低さを限界と考える代わりに、歴史上の偉人たちの多くが長身ではなかったことや、現在でも偉大な人物の多くは彼より背が低いことを学んでもらった。また、外見的には女性がなびくようなタイプではなくても、人を引きつける力を使えばカリスマになれるのだと学んでもらった。

ふさわしい力は、女性や男性ばかりでなく、投資家をも引きつけるものだ。人が後で会いたがるようなやり方で、自分から率先して人に会うようにしなければならないことも学んでもらった。

サムにはどれも難しい学習だった。しかし、その決意とレーザーのような集中力のおかげで、彼はトップのマネーマネジャーになる目標を遂げた。

彼には、自分が稼ぎだす利益と同じくらい、自分の背が高く魅力的だと思う必要があったのだ。そうでなければ、彼に金を託す人々の信頼を得ることなどできなかったであろう。

ふさわしい教師を見いだす

エリオットはかつて立会場で頭角を表したトップトレーダーである。現在は自分の事務所でトレードをしている。

　立会場でトレードを始めるのに、彼は足しげく人を訪ね歩き、トレーダーのたまり場で無駄話をした。友人を作り、魅力を発揮して、トレーダー仲間から情報を仕入れ、フロアでのトレードに必要な知識のすべてを得たのである。このやり方で情報を仕入れるほど、彼の能力と立場は向上し、ついにはフロアトレーダーとして独立するまでになった。彼は余裕をもって次のステップへ進む決断をし、フロアを後にしたのだった。

　フロアトレーダーになったときと同じやり方で、彼は自分のカリスマ性を発揮し、立会場の外でのトレード方法を人から導き出そうとした。しかし、人を魅了して引き出した情報だけでは、本格的に始めるには不十分なことが分かってきた。

　そこで、エリオットは教えを請うために人を雇い始めた。ところが、私がどんな人々を雇ったか聞いてみたところ、彼が学んだ内容では立会場の外でのトレードで成功するのは無理だろうと思った。偉大なトレーダーが必ずしも偉大な教師になるとは限らないのだ。商売上手な人間やセミナーの主宰者が、トレーダーとして大成功するような情報をくれるとは限らない。

　いったん自分にふさわしい教師を得ると、彼は立会場外からの売買でも成功し始めた。現在、エリオットは二棟の邸宅を所有し、自分の組織で二〇人の豊かな生活を支えている。トレードで彼が自分のために稼いでいる金額は、年間二五〇万ドルを下らない。

トップトレーダーをモデルに

これら三人のトップトレーダーから、その資質を学び取ることができる。

①　頭のなかにいつも、夢と目標を据えておくこと。ただし、慣れっこになってはいけない。時々再検討をする。
②　信条が、夢と目標にそっていることを確認しよう。夢と目標を達成するため、自分の長所と能力を強く信じることは、成功を築くうえでの基盤となる。
③　障害は道のりの一部であり、一つの障害ごとに貴重な教訓がある。成長するための機会と考えるとよい。
④　自分の目指すタイプのトレードで成功しているトレーダーを見つけ、その人をモデルとする。

⑤ 教えるコツを知っている教師を見つけること。成功したトレーダーに良い教師を推薦してもらおう。
⑥ 妨害となる要素を取り除く手助けをし、さらなる成功に向けて常に助言をしてくれる、良きトレーダーズコーチを見つける。
⑦ 停滞期に入るごとに、それを次のステップへの踏み石と考える。成長を止めたら最後、崩壊への環境をつくり出すことになる。
⑧ 恐怖や葛藤を克服し、自分自身を好きになるよう励むこと。
⑨ カリスマ的な指導力は、自分自身や他人と良い関係を保つのにベストの力である。このエネルギーは情熱を引き出し、自分を夢に集中するようにしむける。
⑩ 新人の指導は、自分自身が新しいことを学ぶ最良の方法である。教えることで、自分のなかで学び、成長する余地のある部分が目覚める。

結論

トップトレーダーには、トップに立つ方法がある。この方法を用いることで、あなたも高い水準での成功を手にすることができる。ただし、このエリートの水準に達するためには、最善を尽くさなければならない。ときには「最善」さえも足りないことがある。あなたがトップトレーダーのすることをして、考えるように考え、同じくらい懸命に働けば、あなたも恐らく夢と目標を実現することだろう。

肝心なことは、トップトレーダーを見習えば、道のりはずっと楽になるということである。

第4章　トレーダーのためのメンター
MENTORS FOR TRADERS

顧客のトレーダーたちから「残念なこと」として一番よく耳にするのは、その道のプロから信頼できる「メンタリング」を受ける機会がないことである。「トレードにかかわる問題、恐怖、体験や感じたことについて腹を割って話せる相手がいて、支援や手引きを受けられればよかったのに」という。彼らが求めているのは、アドバイスを授け、過ちを犯したときにはそれを指摘し、危険からかばい、物事をうまくこなす秘訣を授け、見守り、進展ぶりに一喜一憂し、ついに成功を収めたときには喜び、誇りを抱いてくれる誰かなのだ。

こうしたメンタリングの仕事の中身をよく見れば、その鑑ともいえる人物は、善良で協力的、慈愛に満ちて賢明な、親のような存在だと分かる。事実「メンター」とは、もはや親の助けを必要としない成人にとっての保護者のような教師のことだ。

大人が、自分の人生に責任があるからといって、もはや支えや指導を必要としないわけではない。私たちは生涯を通して、助言や支えが必要なのだ。

ではなぜ、これほど多くのトレーダーが、メンターをもたなかったり、見つけられなかったりするのだろうか？　トレードという仕事や私生活に関心を示す者がいないからといって、なぜトレーダーは孤立し、寂しい思いにとらわれてしまうのだろうか？

この答えは「トレーダーが幼いころ両親と、どうかかわったか？」に関係がある。一般的に同性の親が、最も重要かつ影響力のある保護者兼メンターのモデルとなるケースが多い。その親が、そのトレーダーの若いころから生産的でバランス感覚を持ち、幸福で責任感のある大人に育つ方法を教えることに積極的な関心を持っていなければ、将来的にメンタリングを受けるときのモデルを得られないだろう。

つまり、多くは良い関係を築けるかもしれない相手に気付かないため、良きメンターを見つけるのに苦労するのではないだろうか？　また、たとえメンターを見つけたとしても、支援や助言を頼めなかったり、二の足を踏んだりするかもしれない。それどころか、たとえ望めるかぎり最上の申し出があっても、自分に手を差し伸べてくれなかった父親への反発心から、援助を拒んでしまうことさえあるだろう。

メンターパパ

トレーダーのデイブは、三歳の息子をとても可愛がっている。どこへ行くにも息子を連れて行き、すでにキャッチボール、水泳、ネコのじゃらし方、そのほか軽い運動などを教えていた。

一方、三歳の息子は父親をあがめていた。デイブが新しい赤の作業着を買って家で着ていたときなど、その子は同じような赤いワイシャツを買ってくれるまで、母親に何日もうるさくせがみ続けたほどだ。この子は、トレーダーの父親と同じように振舞い、あらゆる面で父親のようになりたがったのである。いわば、デイブは息子に対し、生涯にわたって続くメンターの関係を築いたのだった。

もしデイブが、息子が成長し、もの心がつき、役に立つ年ごろまで放置しておいたらどうなっていたか想像がつくだろう。実際、多くの父親が、忙しいだの、自分の父親に助言を与えられた経験がないなどといって、息子たちと積極的に接しようとしない。その結果、アドバイス、支え、指導を求められる人がついているという自覚を持たない若者ができあがってしまうわけだ。

足跡をたどるブル

トレーダーとしてメンターをもつことにどのような意味があるか？

あなたはこう思うかもしれない。「でも、自分にはメンターなんていないし、だから何だっていうんだ？　別に変わらないと思うけどな」

その答えはこうだ。「大きな違いがある」。トレーダーのカウンセラーに従事して一二年の経験と分析からいうと、トレーダーはメンターがついていることで、ずっと良い成績を上げているのだ。その理由は次のとおりである。

- ●メンターがいると、トレーダーは必要なときに助けを求められる。それはきわめて大きな財産であり、トレーダーに競争力を授ける。
- ●トレーダーがトラブルに巻き込まれそうになっているとき、メンターはトレーダーを正しい方向へ導くことができる。
- ●メンターがいることで、トレーダーは同じ過ちを繰り返したり、多くの新人トレーダーが陥りやすい過ちを犯したりしないで済み、かなりの時間を節約できる。
- ●ロスを回避することで、メンターはトレーダーの財産を守るだけでなく、最善の決定へと導くことで、財産を増やすこともできる。

●メンターは、精神的な支えとなることで、トレーダーのキャリアを守ることができる。技術面に限った助言でさえ、不安を取り除き、自信を高め、一人ではないという安心感を与えて、精神的なサポートとなる。
●メンターのいるトレーダーは、より規律正しい。規律は優れたトレードの要となる。メンターがいることで、しっかりとした目標と自信が育まれ、そこから規律正しさが生まれる。
●メンターは、それまで手が届かなかったか、トレーダーが知らなかった、別の価値ある資源（資質）や方法に導いてくれる。
●メンターは、プレッシャーを感じていて、家族に気持ちを打ち明けられないトレーダーの安全弁となってくれる。

このリストに掲げたのは、トレーダーがメンターから受ける恩恵のほんの一例にすぎない。

では、メンターがいなくて、ふさわしい人物を見つける環境にもいないと感じていたらどうすればよいだろうか？

メンターを見つける

友人から「私の家に行って、私の部屋から何かを取ってきてくれ」と頼まれたことがあるだろうか？　そして探し物を見つけ出せないでいると、友人が助けにやってきて、その探し物が最初から目の前にあったことに気がつく。だとすれば、あなたはそれがどんな形をしているかも、実際何なのかも知らずに探していたのだろう。

メンターを探すトレーダーたちも、それとよく似た状況にある。何を探しているのかも、メンターがどんな姿をしているかも、よく分かっていないのだ。

メンターとは何か？　メンターに出会ったら、それと分かるのだろうか？

手始めに、メンターを定義づけしてみよう。メンターとは、あなたの努力に対し、教え、導き、支える人である。あなたは、メンターのアドバイスに従うことに迷いのないよう、受けるアドバイスと手引きに信頼をおかなくてはならない。良きメンターは、あなたがより良い人となるような教えを授けたり、特別な技能や能力を伸ばすための援助をくれたりし、あなたの生き方を価値あるものにしてくれる。

では、メンターになり得る人というのは、どのような人物だろうか？

●年令、性別、職業は関係がない。潜在的な助言者には、あらゆる姿かたち、人種、大きさの人がいる。
●その分野では何ごとにも秀でている大家といえる人物。その人は、自分の目指す分野以外のことに、あまり明敏ではないかもしれない。もちろん、その人の影響は、自分の生活のほかの面に及ぶだろうから、専門分野以外でも尊敬できる人のほうが望ましいだろう。
●自分のよく知っている人物だが、助けてくれる気があるとは思いもかけなかった人。
●同僚。
●業界のつて。
●家族の友人。
●親戚。
●今は赤の他人だが、尊敬しており、知り合いになりたいと願っている人。

直接的メンター

先のリストに挙げた潜在的メンターを私は「直接的」メンターと呼んでいる。こうした人たちとは面と向かい、一対一でアドバイスや支援を受けることができる。自分が助けを求めたときにすぐに対応できる生身の人々だ。その人の間には、ギブアンドテイクの関係がある。周囲から、助言を与えてくれそうな人を見つけよう。

間接的メンター

間接的メンターは、離れたところから導いてくれる人々のことである。書き記しや語られた言葉を通して、その人たちの知恵、経験、サポートを享受できる。セミナー、著書、テープによってアクセス可能だ。

その人と頭のなかで実際に会話を交わすくらい、よく研究すれば、間接的メンターと絆をもつことができる。ある人のものの考え方を熟知すれば、質問にも、まるで本人が直接話しているかのように、答えが返ってくるものだ。

メンターとロールモデル

直接的メンターに代わるものとして「ロールモデル」が挙げられる。その規律と成功で名を知られるようになった、活躍し、業績のある人々である。教師やコーチとして直接的にも間接的にも手の届かないときはロールモデルとなる。ロールモデルとは、その人の人生、能力、または業績が、あなたにインスピレーションを与えることになる人だ。直接的にも間接的にも手が届かないかもしれないが、その人たちがどのように成功を手に入れたのかは想像できる。

例えば、ベンジャミン・フランクリンは、偉大な間接的メンターになるだろう。彼は生涯を通して、学んできたことを書き記していたからだ。彼は、届くかぎり多くの人々に教えを伝えようとした。

一方、ジョージ・ワシントンは偉大なロールモデルである。彼の人生は、確実な道を求め、正しきを行い、さまざまな挑戦を受けるという偉人の見本だ。ただし、その生涯の間に書き残した書簡は多いものの、それは彼の人となりを学ぶのにふさわしいものとはいえない。

トレードのメンターとロールモデル

私たちの時代、テクノロジーの進歩のおかげで、メンターやロールモデルを見つけ出す可能性は格段に広がった。現在、主だった金融関係の雑誌は、専門家のアドバイスを無料で載せている。トレードの専門家の著書や雑誌記事といった刊行物も増える一方で、セミナーや会議で披露される専門家たちのノウハウは、すべてメンターやロールモデルを労なくして見つけ出す手がかりとなる。求める者には、巷にありあまるサポートと指導が用意されているのだ。例えば、次のようなサイトである(すべて英語)。

- Pristine.com
- tradingontarget.com
- moneymentor.com
- Traders.com
- futuresmag.com
- Ino.com

結論

メンターと良好な関係にあるトレーダーには競争力がある。メンターによる支援は、仕事の成果はもちろん、トレーダー自身の健康状態にも表れる。メンターの姿かたちはさまざまで、トレーダーには多くの選択肢がある。「何もかも一人で背負っている」と感じる必要はないのだ。

しかし、両親にメンターの役割を果たしてもらえなかったトレーダーは、メンターになり得る人物を見過ごしてしまいがちで、助力を請うことも、差し延べられた援助を受け入れられないことがある。成功を阻むこうした障害を乗り越えるために、前向きに基本的な問題に取り組み、メンターには自分を支えてくれる可能性があるという事実を認識すべきである。

第5章　お金とトレード
MONEY AND TRADING

利益を上げることに関心がなければトレードはうまくいかない。お金を失うか、そうならなくとも多くの利益は望めないだろう。結果、あっという間にトレーダーを廃業するはめになる。

トレードとお金の関係は自明のことであり、トレーダーには容易に分かることだが、容易に実践できることではない。問題は、お金を稼ぐという一見単純そうに見えることが、得てして複雑になってしまうことだ。やがて、目標と金儲けの願望が、トレーダーの生活のほかの大切な部分に追いやられてしまう。財産を増やすという目標が影響力を失っては、トレードの成績には打撃となる。

お金との関係が複雑になるわけは、お金がトレーダーの生活のなかで、すべてとは言わないまでも、いろいろ重要な物事の象徴になるからである。トレーダーが成功について考えれば、自分がいくら稼いでいるか考えることになる。トレーダーが個人のもつ力と影響力について考えれば、お金について考えることになる。

お金にはトレーダーの物理的環境を整え、妻や子供との関係をスムーズにする力がある。住む土地柄も、友人関係も、選挙での投票も、休暇でどこへ行くかもお金で決まる。食事の仕方、健康、生活のなかでのストレスにも影響する。例はまだまだ挙げられるが、要は絶対と言わないまでも、まず大抵の場合、お金はトレーダーの生活に大きな影響力をもっているのだ。

結局、トレーダーとお金の関係を決定するのは、金銭について自分にどう語りかけるかにかかっている。そして、その内なる対話の方向が、トレーダーがいくら稼ぎ出すか、どれほど長く、いかに巧みにマネーゲームを続けていけるかを決めるのだ。

信条は運転席にあり

トレーダーが、自分に向かって金銭の話をするのはなぜか？　自分の信念がそうさせるのだ。この「信念」と「内なる対話」は、分刻みの習慣と行動を形成し、行動のすべてに影響する。

例えば、何年も前に一緒に仕事をしたことがあるトムというトレーダーは「お金は諸悪の根源」と信じていた。彼にとって、お金を稼ぐことは悪に染まることであり、悪の道に進みたくはなかった。このように自分を制限する信念は、自分自身を暗示にかけ、トレードで利益を上げる力を抑えてしまうわけだ。

利益を上げた直後に常に手痛い損失を被っていた別のトレーダーは「自分はお金に縁がない」と思い込んでいた。その結果、稼ぎをことごとく失うような行動を取るよう、自分に暗示をかけてしまっていたのである。

興味深いのは、意識レベルでは、二人ともそんなことを信じていると絶対に認めようとしなかったことだ。深く根づいてしまった信念を掘り起こすのは容易ではなかった。

自分自身の信念の源を探るには、家族の金銭への執着度をみるとよい。下に挙げるのは、家族によく見られるケースだ。自分の家族にもあてはまるかどうか検討し、もしあてはまるなら、自分はどう感じたか考えてみよう。

- 家族のなかで、金銭は何よりも大切なものだったか？　ほかのすべての事柄は、貯蓄よりも軽んじられていたか？　そうであれば、その信念はどのような形で表れていたか？

●お金は力とみなされ、他を支配し、操り、欺き、愛を得るために使われていたか？だとすれば、その目的はどのように遂げられたか？
●お金は苦痛の原因だったか？　家族の話のなかで、金銭の獲得は悲劇や個人的な不幸と結びついていなかったか？
●財産の豊かなことは、自然で普通の状態であり、幸福と恩恵の源とみなされていたか？　そうであれば、その見解はどのような形で表れていたか？
●金銭は乏しく、いつも不足していたか？　家庭は貧しく、それでも仕方がないとされていたか？　そうならば、その信条はどのように表現されていたか？
●金銭は全くのナゾで、家族の誰一人稼ぎ方を知らなかったか？　彼らは自分で収入を得る方法が分からず、人に世話を焼いてもらわなければならないと感じていたか？

ここに挙げたのは、家庭にありそうなお金に対する信念である。金銭は人生のいろいろな物事の象徴となっているので、想像の及ぶかぎり、どんな意味にもとらえられる。

金銭の業《カルマ》

このリストを読んで自問してみたところ「わが家ではお金は汚れた財産とみなされていた」と気づいてしまうかもしれない。たとえそうでも、気を落とすことはない。優秀なトレーダーである私の顧客の多くは、家族とお金との関係を克服したり、逆転させたりしてきた。

テッドもその一人である。貧しい家庭出身の彼は自分と金銭との関係が少年時代の経験と何のかかわりもないのだと自分に納得させることができた。そして、トレーダーとして成功するために、その古い記憶とは正反対のイメージを作り上げたのである。また、無意識ではあるが、いまだに昔の体験に反応していた。貧困のなかで育った無数のトレーダーと同じように、彼は少年のころ「いつか金持ちになる」と自分に約束していたのだ。

家族の金銭に対する信念は結局、一人ひとりの信念に影響を与えるたくさんの物事の一つにすぎないかもしれない。トレーダーは、個性や人格に基づいて、独自の金銭感覚を身につけている。それを私は個人の「金銭の業《カルマ》」と呼んでいる。例えば、次のようなものだ。

●不安感にさいなまれると、お金にしがみつき、使えなくなる。
●ナルシストの場合、自分や他人のお金を自分のためだけに浪費するようになる。与えたり、山分けしたりする気持ちがないので、資金的損失を生み出す心理状態が個人的損害を生み出すことになる。
●約束を守れないと、金銭問題は制御不能に陥ることになる。
●人生に恐れを抱いていると、財産をあっけなく失ったり、財産を築くのが困難になったりする。
●罪悪感を抱いていると、金銭を通して自分を罰しようとする。
●嘘つき、泥棒、色好み、（薬物等の）乱用者、その他の重大な性格障害を抱えている場合、お金に不正直で、法律に触れて捕まる危険を冒すことになる。
●人を操るのを常としている者は、お金をコントロールの道具として使う。しまいには、お金にコントロールされるようになる。
●権力を渇望する者は、金銭で手に入れた力を乱用し、ついには見放されて、すべてを失う危険を負う。
●偉ぶりたがる者は、周囲の者を印象づけるために金銭をばらまき、その結果、彼の財産を狙う者たちを引きつけることになる。

これらの関係は、私のカウンセラーとしての経験を基にしている。不可避な自然の法則などではない。

同じような傾向の性格の持ち主でも、自己との対話の方向は、それぞれの信念によって変わってくる。したがって、全く違った金銭関係に発展することもある。新しい信念ほど、感情を引きつけるので強力だ。共感を覚える信念に神経が感応するからだ。

このように、私たち一人ひとりが、独自の金銭カルマをもっている。大切なのは自分の資金的達成度をしっかりと認識すること、そして上のレベルに行けるかは自分の信念の変化にかかっていると理解することなのだ。

金銭と質問

お金とトレードのナゾを解くもう一つの方法は、お金が問題解決に役立つか自問してみることだ。私と接したトレーダーの大半が、問題はすべて金銭で解決できると考えていた。

家族がいれば、お金はその生活を豊か、安全、快適にしてくれるという考え方だ。その根底には、お金は家庭生活を幸せにするという前提がある（実際のところ、金銭がすべての問題を取り除くわけではない）。もし大きな借金があるとすれば、お金がストレスをなくし、その問題を解決してくれる。もしトレーダーが、自分に才能がなく、人に価値を認めてもらえず、または仕事がうまくいかないと悩むなら、お金がそんな感情を癒してくれる。

金銭とのかかわりをよりよく理解するため、お金でどんな問題が解決できるか知る必要がある。また「過去にこの問題を解決するために金を使ったことがあるか？　結果はどうだったか？」と自問してみるのもよい。問題は残ったか、再発したか、違う形で浮上したか、それとも完全に消え去ったか？　これらに正直に答えたら、実はお金が問題の解決にはならなかったことが分かってくるだろう。なぜなら、その問題は金銭には関係がなかったからだ。

本当の原因は、あなたの性格、行動、信念、あるいは暮らしや職場の環境のどこかにあったのである。お金をたくさん稼ぐことがすべての問題を解決するという通念は、ただの幻想にすぎないのだ。

ロブは、トレードで大きな財産を築けば、夫婦生活も好転するだろうと信じていた。しかし、彼が利益を上げるために必死に働いたにもかかわらず、妻は結局、家を出ていってしまった。

彼らの結婚生活の問題は愛情表現の欠如だったのだ。お金は象徴として使われていたにすぎない。二人とも、彼が十分なお金を家に入れていないことでは同意見であった。ただし、ロブは本当のところ遠慮して、そう言ったのである。お金が夫婦問題の解決にならないと分かったとき、ロブの稼ぎは以前の二流に戻ってしまった。

お金のダークサイド

金銭との関係を完璧に理解するには、お金の持つ暗部の影響力にも目を向けなければならない。多くのトレーダーが、欲しいだけの金銭を手に入れたとき、大きなトラブルに巻き込まれている。

私は、お金の使い道をドラッグ、アルコール、食品、その他の中毒性の行為に向けてしまった数多くのトレーダーの相談に乗ってきた。彼らはギャンブルに溺れ、散財するうちに、好きでもなく尊敬もしない種類の人間に成り果ててしまった。金銭との関係を形成するうえで「お金がもたらす問題は何か？」ということも念頭に置かなければならないのだ。

金銭問題に関する最後の疑問は「お金がないことで、どんな問題が解決するか？」

傘の下のブル

である。これは、多くの奮闘中のトレーダーにとって、ことさら想像しにくい質問だ。誰しも、自分が自分の首を絞め、成功から遠ざかっていると想像したくないからだ。この質問は、自己責任と被害者意識の問題につながる。

かつて私が仕事をしたリックというトレーダーは、経費の支払いにも事欠く状態にはまり込み、抜け出せずにいた。この状態からくるストレスは相当なものだった。リックは常に新しい職を探さなければならないという強迫観念に駆られていた。

それが、自分の理想とする状況にまで大成功を遂げたとしても問題がすべて解決されるわけではないと気づいたとたん、リックの悩みは解消した。そうでなければ、もし彼の生活が豊かになっても、自分が背伸びしすぎたと感じ、無意識のうちに高みから一気に転落する恐怖にさいなまれただろう。

別のトレーダーは、要らぬ責任を背負い込み、家族や友人から援助を求められるのがいやで、大金を稼ぐのを敬遠していた。責任の重荷は、避けなくてはならない問題と見なされていたのだ。

会話を変える

このように、お金についての自己との対話は、自分と金銭の関係を進める原動力となる。この関係がトレードの出来不出来を決定づけていくのだ。どうすれば、自己との対話の流れを変えられるだろうか？

まず、ぜひとも理解してほしいのは、お金について「自分に言い聞かせていない」ことが、自分に言っていることと同じくらい真実である、という点である。例えば、自分に「お金が手元にたまらない」と言っているとすれば、それはあなたがお金を失うよう自分に暗示をかけているのと同じことなのだ。

しかし、同じくらい簡単に「自分には自然とお金が引き寄せられ、くっついて離れなくなる」と言い聞かせることもできる。すると、あなたはお金を失うどころか、全く逆のことをするようになるのだ。

つまり、自分に言い聞かせることよりも本当のことなど、実際のところ存在しないわけだ。言い聞かせていると、それがまさに実現されてしまうのである。

この「対話を変える」という過程のすばらしいところは、言っていることを別に信じる必要はないという点だ。それでも結局、あなたの行動は変わり、最終的には自分の信念を変えてしまうことになるのである。

次に、ぜひとも必要となるのは、今後自分の対話に責任をもつことである。本章で挙げた質問に正直に答えれば、体よく隠された自分とお金の本当の関係が見えてくるだろう。また、資産を殖やし管理する能力は境遇のせいではないと結論付ける必要がある。実際のところ、全くもって自分次第なのだ。

相場の動きを決めるのは常に相場である。しかし、自分の信念を変えるきっかけは自分自身で作れるのだ。

結論

私たちトレーダーは、自分自身とお金の話をすることで、収入の可能性や、得た財産を生活のために使う力を得る。自分との対話は常に頭のなかをめぐり、お金とその意義についての強い信念を支える暗示を出す。結果にかかわらず、得てして問題の根源は別にあるのに、こうした暗示には問題解決に金銭を使うことが組み込まれている。お金は不足しているものの象徴にされるのだ。

しかし、そうなると、お金を稼ぐことが複雑になる。トレードの目標ではなくなってしまい、トレードで成功するのがますます困難になってくるのだ。現実には同じ相場でも、努力の差もほとんどなくても、収益に大きな差が出てしまう。この違いは、責任感をもって、お金とは何かを自分に言い聞かせているかどうかなのである。

第2部 個人と感情の問題

Personal and Emotional Issues

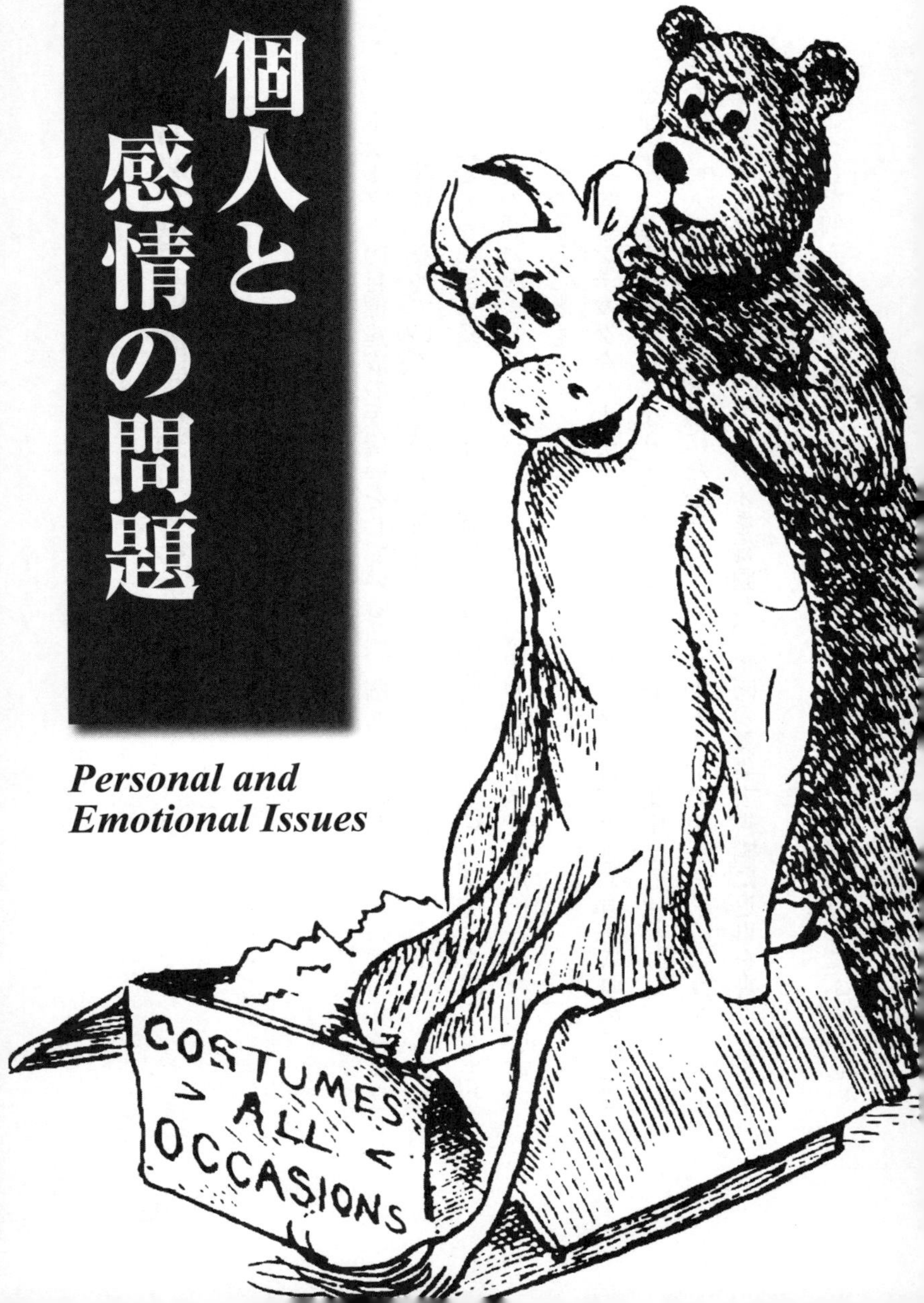

第6章　個人的問題に対処する
HANDLING PERSONAL ISSUES

トレーダーの目標達成の手伝いをしていると、個人的問題が成功への道のりを阻む最大の障壁となっていることがよくある。

共に幸せな生活を築こうとする男性と女性の間には、しばしば衝突や誤解が生じる。夫妻の間に起きる問題は、トレーダーが集中力を低下させる原因となり、資産の喪失につながることもある。

また、ロマンチックなパートナーのいないトレーダーは、ときおり一人身の虚しさを埋めることに一生懸命になりすぎてしまう。トレードに集中する代わりに、こうした寂しい人たちは、デート場にたむろし、インターネットで相手を求め、コンピューターお見合いサービス向けのビデオを録画し、新聞の募集広告欄に返事を書く。そうでなければ家で寂しい夜を過ごす。

こうした個人的問題に取り組んだ結果がストレスである。まず、自分にふさわしい相手を見つける過程は、とてもストレスのたまるものだ。特別な誰かを見つけたあとも、互いの違いを乗り越え、その違いに順応し、自分に合わない相手の振る舞いに妥協する……といったストレスが待ち構えている。

人の間の問題は、分別をわきまえ、後のことまで考えて対応しないと悔恨を残すことになる。しまいにはトレードのパフォーマンスにも影響してくる。

個人的な問題を抱えているならば、それが危機的状況に発展する前に行動しなければならない。次の事例が示すとおりである。

誰からも愛されない

トムは背が低く、特別ハンサムでもなく、ひときわ目立つ個性の持ち主でもなかった。彼はすでに安定した力のあるトレーダーだったにもかかわらず、指導を求めて私のもとを訪れてきた。自分に自信を持てればトップトレーダーになれると分かっていたからだ。

トムが少年だったころ、両親は彼に「ルックスと個性ではとても太刀打ちできないのだから、ビジネスで成功するしかない」と言い含めていたという。彼は、両親が子供の人生をそのように決めつけるのは間違っていると感じていた。しかし、はめ込まれた型を打ち破ることはできなかったわけだ。

トムには自分の求めているものがはっきりと分かっていた。愛情に満ちた妻と子供である。あいにくトムの社交術では、挨拶から先が進展しないのだった。彼は自分自身をとても見苦しく感じており、孤独だった。

トムの背丈は変えられない。しかし、彼のものの見方に働きかけることはできる。私は、歴史上の恋の達人たちは平均より背が低かったという事実を伝えたのである。そして現代の世の中で、女性が非常に魅力的と感じている男性の長いリストを渡した。例えば、トム・クルーズ、マイケル・J・フォックス、メル・ギブソン……。また簡単に印象を変える方法として、ヘアスタイリストと服装コンサルタントを推薦した。さらに長期的変身のため、スポーツジムでウェートトレーニングをしてみるように提案した。

トムが与える印象で最も重要なことは、彼の外見ではなく、自分をいかに紹介するかであった。そこでまず、彼の「自分には特別な人格がない」という思い込みをひっくり返すことから始めたのである。私たちは、彼をトーストマスターズクラブ（編注　スピーチ能力の養成を目的としたクラブ）に加入させることで、自尊心の向上をサポートした。またハビタット・フォー・ヒューマニティー（編注　建築ボランティア団体）に参加させ、自分を見直してもらった。さらに、彼に演劇のクラスへ通い、自分がなりたいと思っている人物を演じてみることを勧めた。彼はコメディーのクラスに入り、人を楽しませるコツを学んだ。

モデルのクラスにも入るように勧めると、彼はそこで理想の女性アリスと出会った。彼女はトムよりも頭一つ高かった。しかし、それは彼女にとって問題ではなかった。アリスには、トムの人格が魅力的に感じられ、トム自身も魅力的に映ったのである。

もちろん、その特典として、トムのトレードは目覚ましい向上を遂げた。

ハネムーンは終わった

トニーとマリーは恋愛とハネムーンの間、幸福の絶頂にあった。ところが、新居に落ち着いてから間もなくして問題が浮上し、それがトニーのトレードに支障をきたすようになってきた。

トニーは長いトレードの一日が終わって夜に帰宅すると、きれいな部屋で妻の愛情こもった歓迎と温かい家庭料理が待ち構えていることを期待していた。ところが現実は……乱雑に散らかった家に帰り、夕食は冷凍食品を自分で出して温めることになったのである。

妻のマリーはフィットネス中毒で、スポーツジムで過ごす時間を家庭や夫の望む家庭料理よりも優先させていた。日中のマリーは仕事に時間とエネルギーをとられており、家政婦の役割までこなす余裕はなかったのである。

トニーは、家庭的な雰囲気づくりを得意とする伝統的イタリアン「ママ」になじんでいた。実家にいたときは一ブロック先でも母親がキッチンでぐつぐつ煮るガーリック・トマトソースの香りがしたものだ。

もっとも、トニーは母の築いた家庭が恋しかったとはいえ、マリーに「ママ」のような料理上手の歩く手本のような女性になってほしかったわけではなかった。母親のもたらすことのできなかった恩恵があったからだ。マリーが仕事で得る収入だ。

ところがトニーは、マリーのキャリアによる経済的特典を認めていながらも、自分の幼いころのような家庭を作れないマリーに腹を立てるようになってきた。そして怒りにかまけて、彼は父親の振る舞いそのままに、妻に向かって怒鳴り始めたのである。

一方、マリーの実家では、両親が娘の家庭問題を話し合い、トニーの行動を粗野で侮辱的と考えていた。

私がトニーと会ったとき、彼のトレードのパフォーマンスは惨たんたるもので、彼はマリーとの離婚を考え始めていた。トレードを改善するには、トニーはマリーとの関係を修復しなければならない。そのため、トニーは妻に対し分別と理性をもって行動しなければならず、妻に母親の代わりを務めさせようとする無意識の要求を考え直す必要があった。

トニーは、心地良い家庭と手作りの料理を望み、マリーとそれらの楽しみを分かち合いたいと思っていた。彼があきらめなければならなかったのは、こうした目的の達成方法を決めつけてしまい、それを強制しようとする欲求だった。

幸い、トニーとマリーは、私の提案した妥協案に賛成してくれた。二人は家政婦を雇って週一度掃除をしてもらい、プロの整理屋に、家中の物の置き場所を決めてもらったのである。二人は、すべてのものを決められた場所に置くよう協力した。

マリーはトニーの母親にトマトソースの作り方を習い、何回にも分けて使えるように、日曜日にたくさん作った。トニーもマリーも、週一回は料理を担当し、週に一度は出前を注文し、別の一日は外食し、日曜日には母親のところで食事をすることにした。またマリーは、ジムで過ごす時間を早朝、自分の昼食時間、またはトニーとの夕食後に限ることに同意してくれた。

トニーの態度の変化は尊敬に値するものであった。マリーもまた、けんかをする代わりに、トニーの理想の家庭を作ることに配慮した。そしてトニーのトレードはかつてなく飛躍したのである。

一族がやってきた

たとえ、パートナーとの関係が良好だとしても、ほかの人間関係が、トレードのパフォーマンスに水を差すことがある。家族、友人、仕事仲間との不和など……面倒ごとのタネは尽きない。次に挙げるのは、私の顧客の身に起きた人間関係のトラブルの例である。

恐怖の結晶

カップルが健康な赤ちゃんを授かる光景は、いつ見ても喜ばしいものである。しかし、もし赤ちゃんがコリック（編注　激しい夜泣き）の持ち主だったら？　喜びの結晶が、恐怖の結晶になってしまう可能性がある。

ジョージはカリフォルニア時間でトレードをしているため、生産的な一日のためには、早く寝て早く起きる必要があった。ところが、ジョージと妻ジルの生活に新たに加わった息子のグレゴリーは、生まれたときからよく泣き、いっこうにおさまる気配がなかった。かくしてジョージは寝不足で疲れ切ってトレードに臨むことになったのである。

さらに悪いことに、ジルは反抗期の二歳児の母親でもあり、しかも出産後のうつ状態に陥っていた。ジルは寝不足とうつから怒りっぽくなっており、のべつ不平を述べたてる。そのため家のなかで仕事をしているジョージは集中力が続かない。いつもなら逃すはずもない好機を逸してしまい、一日の終わりにはジョージの気分は最悪になっていた。一方、絶え間ないプレッシャーにさらされているジルは、話し相手がほしくてたまらなかった。

ジョージが家庭問題を相談しにきたとき、私は分かりきった質問をした。

「どうしてこれまで助けを求めなかったのですか?」

ジョージは、妻が他人に家をのぞかれるのをいやがるからだと語った。そしてこう言った。

「それに……妻には、家事と育児以外、することがないんですよ」

ジョージの母親は、狭いアパートで四人の子供を一人で育てた。そのため彼には、ジルがなぜ最新の設備がそろった大きな家で二人の子供の世話ができないのか理解できないのであった。

しかし、ジルと話したとき、本当に「他人」を家に入れたくないのはジョージなのだと分かった。そして本当の問題は、ジョージが妻を助けるためにお金を使うのがいやだということだったのだ。

もしジョージが即座に家庭の問題に取り組まなかったら、何もかもなくして、たちまち少年時代の狭いアパート暮らしに逆戻りしていたことだろう。彼の心はネガティブな重しに足を引きずられており、それがトレードにも影響していた。しかし、トレードの成績を変えるには、まず次に挙げるジョージ自身の考え方を大きく変えなければならなかったのである。

- 妻が抱える問題の見方
- 夜泣きする赤ん坊の問題
- 助けを求めることへの意識

ブル・トレイン、鉄橋を渡る

ジョージが自分の考え方を省みたとき、彼は妻のうつ状態が自分の仕事上のうつと同じものであり、彼女にもプロの助けが必要だということに気がついた。そこで彼女がカウンセリングを受けている間、二人は南米出身の優しい女性を雇い、グレゴリーの面倒をみてもらった。この女性の夫は工場で夜勤をしていたので、夜は時間が空いていたのだ。

彼女は泣いている赤ん坊をあやす間、英語を習うために語学コースのカセットテープを聴いていた。赤ん坊の泣き叫ぶ声は、イヤホンのおかげでだいぶましになったのである。また、二歳の息子は一日四時間保育所に預けることにした。

ジョージが家族の問題を解決するために使ったお金は、援助を求めずにいる間の損失のほんの一部にすぎなかった。わずか六カ月後に、ジルはうつから抜け出し、二人の関係は以前にも増して良くなったのである。赤ん坊は夜泣きをしなくなり、二歳の息子は保育所が大好きになった。

ジョージの収入は過去最高となった。妻と子供たちの面倒をみるのにおよそ一万ドル、彼自身の必要を満たすのに七〇〇〇ドルがかかった。とはいえ、そのおかげでジョージは現在、トレードで収益を上げる過程を楽しみながら、その六倍を稼いでいるのである。

吸血鬼の葬式

ランディの娘スーは、頭からつま先まで黒に身を包み、毎日吸血鬼の葬式に出席するような格好で高校に通っていた。ランディと妻が、罰したり脅したりすかしたりしても、彼女のファッションは一向に変わらなかった。

救いは、スーの学校での成績が優秀で、同級生たちからも好かれていることだった。それでもランディは、娘が一歩間違えればドラッグや妊娠や性病といった問題に巻き込まれるのではないかと不安になり、娘の将来を心配するあまり、トレードにも身が入らなくなってしまったのである。

スーと話をしてみると、彼女がそのような服装を選ぶのは、個性を演出するためだと分かった。私は彼女に「この学校でほかの生徒と服装が違っていても個性的とはいえない」と説明した。本当に違いを際立たせたければ、スタイルの勉強をし、自分だけのスタイルを創造しなければならないと。

そこで彼女はファッションと裁縫を勉強することにした。そして現在では、自分のドレスを作るばかりか、ニューヨークのウエストヴィレッジからも注文がくるまでになったのである。

ところで父親は……というと、今までになくトレードが好調で、娘の成功を大いに誇りにしている。今でも彼女のセンスが「妙ちきりんだ」と思うことはあるが……。

人生そして人生

母親が亡くなったとき、シルビアは八七歳の父親ベンに、自分の家族と同居してほしいと頼んだ。ところが彼女の優しさは図らずも裏目に出た。父親が自分たちの生活に加わったために、トレードが絶不調に陥ってしまったのだ。

ベンは何もせずに過ごしていたので、時間をもてあまし、落ち込んでいた。そして彼は朝から晩まで、シルビアの邪魔ばかりするようになったわけだ。

シルビアは、父親に家事や子守りを押しつけたりしたくなかった。なにしろ彼は最近、伴侶を亡くしたばかりなのだ。しかし、シルビアには仕事があり、切り回す家庭があり、二人の子供と夫がいた。そのうえ、父親に足を引っぱられるストレスが重なり、トレードに集中するどころではなくなってしまったわけだ。

しかし今では、シルビアの父親は邪魔どころか、貴重といえる存在である。シルビアは、父親に手伝ってほしいと頼み、してもらえると助かる用件を書いた短いリストを渡すようにしたのだ。父親は庭をいじり、お使いをし、シルビアの事務所を管理している。

ベンは必要とされることで自分を有用な人間であると感じた。そしてそのことが彼女のトレードにも好影響をもたらしたのだ。

個人的な問題のための作戦

個人的な問題を抱えてしまったとき、それを「避けて通る」か「対処する」という選択肢がある。

問題を避けるのを選ぶのが、ごく普通だろう。しかしその選択をすれば、問題をもはや避けられず、対処するほかなくなるまで悪化させてしまうことになる。

もちろん、対処すること自体、また別の問題がある。これらの問題にネガティブ（編注「否定的」「後ろ向き」「消極的」の意）な対応をすると、さらに問題を増やしてしまうこともあるからだ。しかし、ポジティブ（編注「肯定的」「前向き」「積極的」の意）な対応をすることもできるのだ。

普通は、ネガティブな対応のほうが簡単である。そのほうが深くかかわらずに済み、費やすエネルギーも勇気も少しで済む。だが、そんな方法でうまくいくことはない。具体的な例をみてみよう。

個人的問題の解決に使われるネガティブな方法

1　ネガティブな感情をためこみ、ついには劇的変化を余儀なくされる。これでは関係が終わってしまい、関係者全員にトラウマを残すことになる。

2　ネガティブな感情をためこんだ結果、感情が爆発的に噴出、関係者全員をいやな気持ちにさせる。関係を終わらせるのが怖いので、状況は一時的に変わるかもしれない。しかし、怒りはまた噴出する。

3　怒りにまかせて問題点をあげつらい、解決法を提案、どちらにとっても納得のいかないまま、態度を改善することに同意する。このやり方だと、憤りが蓄積してしまう。

個人的問題の解決に使われるポジティブな方法

1　第三者に調停を依頼。仲介を通して決められた行動の転換に応じる。どちら側も恨みっこなしにプランに従うことに同意する。そのプランの実行状況は、行動が日常に無理なく溶け込むまで、しばらく監視される。

2　関係者が一緒になって、冷静に問題点を挙げ、納得のできる解決策を模索する。どちらも恨みっこなしに行動することを約束する。その約束は、一定期間に達成された課題によって確認できる。課題が完了しなかった場合どうするかも決めておく。

意識的にポジティブな選択をしないと、自動的に先に挙げたネガティブな三つの方法を選んでしまうことを忘れないでほしい。

結論

個人的問題というのは、きちんと対処しておかないと、最良の売買システムや気合いの入った努力でさえ妨害することになる。問題はストレスを生み、貴重なエネルギーと注意力を浪費させるので、長く無視していることはできないのだ。

悪い状況を好転させるのに、関わっている全員に配慮して第三者に相談する程度のことで済む場合もある。それでも自分自身がポジティブな方法を選択し、最後まで行動しなければならない。

第7章　トレードにはもったいない
TOO GOOD FOR TRADING

私が個人的にコンサルティングをしたトレーダーの多くは、家庭崩壊を経験しており、それがトレードに相当な支障をきたしていた。家庭の問題が、トレーダーに問題を引き起こすのは、不思議ではない。

驚くのは、愛情にあふれ、後押しを惜しまず、善意に支えられた家庭がありながら、問題を抱えるトレーダーがいることだ。ときには家庭の良き習慣でさえ、トレーダーの成績に悪影響を及ぼすことがあるのだ。

骨折りなくして利益なし

サムは、両親が高齢になってからできた待望の一人息子だった。父のダンは、息子が幸せな家庭の恩恵をすべて受けるように計らい、母のマーガレットは、彼が守られ、励まされて育つよう配慮した。

ダンが子供のころは大恐慌時代で、彼は家族を支えるために働き、ボストンの凍てつく冬、明け方に起きて新聞配達をしたという。彼は、息子のサムにそんなつらい思いをさせまいと心に決めていたわけだ。サムがスポーツに興味を示すと大いに励まし、楽しくない活動は、なるべくさせないように努めた。

またマーガレットは伝統的母親であった。朝にはサムを学校へ送り、三時きっかりに迎えに行き、家に帰ると焼き立てのチョコチップクッキーと、温かいココアを用意しておく家庭的女性だったのである。

つまり、サムの両親は一致協力して、彼を人生の荒波から守ったわけだ。子供のころ、サムは年上の少年たち、ことに昼食の小遣いをかつ上げするいじめっ子に狙われたのを覚えている。しかし、彼が両親にそのことを話すと急に、このいじめっ子の少年も、ほかの誰も、彼には手を出さなくなった。両親が何をしたのか結局、分からなかった。

少年時代を通して両親の介入を受けたサムは、幸福で出世したトレーダーとなっただろうか？　続きを読んでほしい。

大きな悪い相場

サムは大学の奨学金を得て、卒業後は会社役員へと順調な道を歩んだ。そしてトレードの世界に足を踏み入れたのである。ところが、問題が生じた。相場での仕掛けと仕切りに伴う不安にどう対処してよいか分からなくなったのだ。独り立ちしたサムのそばに「大きな悪い相場」から守ってくれる両親はいなかった。

彼は私に言った。

「今日までずっと、あのいじめっ子に立ち向かわなかったのを後悔している。相手は四つも年上だったから、きっとボコボコにされただろう。だけど、自分をもっと好きになれたと思う。叩きのめされても、自分の喧嘩は自分でしなきゃならなかったんだ」

サムは「タイムライン」という作業を通して自分に足りないと感じている経験を補うことにした。今では、それを盾にし、優れた戦略を矛にして、相場に立ち向かえるようになったのである。

思いやり

ジェリーの両親は厳格なカトリック教徒で、彼がすべてにおいて善き人であるように取り計らった。彼の通ったカトリックの学校でも、厳しい尼僧たちが、両親と同じ目標を抱いているかのように彼を指導した。

ジェリーも含めて学校の生徒たちが皆「尻たたき機」の噂を信じていた。これが修道院長の部屋にあり、悪い子を罰しているというのだ。それで尻を叩かれてはたまらない。彼は絶対に修道院長の部屋に呼ばれないようにしようと決心をした。

彼のトラブル回避法とは、周りの人の要望を察知し、頼まれる前にしてしまうというものだった。この方法なら罰を受けずに済む。例えば、母親に頼まれる前に皿を洗う、母親が満足するように良い成績をとるべく勉強に励む、それに修道女たちの機嫌をそこねるような行動は慎む……である。この「良い子作戦」は少年時代と大学時代を通してうまくいった。

尻たたき機

　大手企業に就職したジェリーは、そこでも他人の要望を先読みするという例の方法を使った。ところが、そのうち一日一六時間労働の日々が続くようになり、それでも時間が足りなくなってしまった。作戦はうまくいって成功への階段を上ったが、健康は下り坂を転げ落ち、悪化させてしまったのである。

　やがて株式の世界を見いだした彼は、結局トレーダーとして独立をした。そして始めのうちはうまくやっていた……。

　ジェリーは、ルースと結婚したとき、なにかと彼女を喜ばせようと努めた。そして子供たちには何一つ不自由しないように取り計らった。ところが不幸なことに、ジェリーの妻も子供たちも、飽くことを知らなかったのである。家族に与え続けなければならないというプレッシャーから、ジェリーはパニック症候群にかかり、それがうつ病に転じ、トレードがうまくいかなくなってしまった。彼が心と金の問題で苦しむなか、妻は子供を連れて出ていってしまった。

　ジェリーの人生のあらゆる部分が一つになって「巨大な尻たたき機」と化していたのだ。善き人であろうと努めたのに、四方八方から罰せられていたのである。つまり、他人のためにがんばりすぎたわけだ。

　私がジェリーを知ったとき、彼はすでに生活のリズムを取り戻し、健康で幸福そうだった。またトレードのプランも組み直していた。ところが、彼の人生設計をビジネスと私生活の両面から見ると、ジェリーがまたしても尻たたき機にたたかれる結末へと向かっていると分かった。ジェリーが支障なくトレードに携われるようになるには、過った選択をしてしまうパターンを壊す必要があった。

過保護

　ニールが生まれたとき、父のアーサーは、彼がとにかく健康に育つよう万全を尽くそうと考えた。子供部屋の物はすべて白で毎日消毒された。誰も、マスクなしでニールに会うことは許されなかった。

　ところが、病気から守ろうとするアーサーの努力にもかかわらず、ニールはとても体の弱い子だった。今でこそ、細菌にさらされないと赤ちゃんの免疫システムが発動しないことが知られている。しかし当時、アーサーは赤ん坊を殺菌消毒した環境で育てることが最善の方法だと信じていたのだ。

ブル、尻たたき機使用中

かくしてニールが風邪や何らかの感染症にかかろうものなら、医者は抗生物質を与えるように依頼された。学校に行っている間もずっと、彼は病弱だった。住環境のあらゆるものにアレルギー反応を示し、喘息にも苦しんだ。それでも何とか義務教育と大学を終えた。

家で寝て過ごすことが多かったニールは、父親のウォールストリート・ジャーナルを読みあさり、相場に夢中になっていた。当然ながら彼はトレードの道を選び、自分が職業に情熱を持てること、そして才能があることに気づいた。

トレードに関するニールの問題は、すべて彼の身体の弱さが原因だった。自分の才能と熱意に匹敵するエネルギーとスタミナがないため、ニールは自分の能力の二五%しか発揮できなかったのだ。ほとんどいつも、疲れて集中力が鈍り、椅子にかけているのもおっくうな状態だった。おまけに、医者はさらに抗生物質を服用するよう勧めてくる。

私が推薦した内科・ホリスティック医学の医師を訪ねたとき、ニールは抗生物質の使い過ぎから、体内に恐ろしいバクテリアを宿しているという皮肉な事実を告げられた。この細菌を根絶するためにまた抗生物質を飲めば、さらに状態を悪化させる恐れがあった。体内で食物の消化を助け、無数の生命過程で必要とされるビタミンBの生成を促す、健全で良性のバクテリアの繁殖は、この悪性のバクテリアによって妨げられる。そのうえ、この悪性バクテリアは毒素を放出し、彼の体力を奪い、肝臓と腎臓にダメージを与えていた。彼は目下、健康な体を作るための治療を行っている。

ニールのこの試練はすべて、親の「よかれ」という願いから生じたものだった。

親の課題

ロニーとジョーンズの娘ステファニーは、際立って美しい少女だった。彼女はいつも両親に宿題を手伝ってもらっていた。学校がきらいで、授業に集中するのも苦手だったからだ。それでも両親も教師たちも、彼女の美貌が将来の成功を約束すると考えていたため、彼女は何とか卒業にこぎつくことができた。

両親の娘への思いやりという問題に加えて、彼女には家事が全くできないという問題もあった。お姫様のように育てられたのだ。

色あせる美

　ステファニーは、ニューヨーク市のガーメント・ディストリクトでモデルになり、高校時代のボーイフレンド、ジョンと結婚した。彼は経済学の学位を取って大学を出るまで、父親のもとで働いていた。そして卒業後、ニューヨーク証券取引所のトレーダーになった。ステファニーは育児のために仕事を辞めたが、家庭をきりもりする術を知らず、体重も増え、知識と人生の展望を広げていく夫との距離は離れていくばかりだった。

　ジョンはいまやトレーダーとして成功し、つきあうのは教養ある面白い人々だった。ステファニーを愛していたが、自分のことも家庭のことも顧みず、気の利いた会話もできない彼女を恥じていた。このことが彼のトレードに影響し始めた。

　ステファニーは、結婚生活を守るためなら何でもすべきだった。だが、あいにく彼女にはシェイプアップし、ジョンが誇れるような女性に変身する術も自制心も持ち合わせていなかったのである。ジョンとステファニーは口論ばかりするようになり、彼は家よりも友人のもとで過ごす時間が長くなっていった。

　あるパーティーでジョンは、美しくて気品があり、家事も教養も身につけた女性に出会った。これが引き金となって彼は妻のもとを去った。やがて彼はトレーダーとしての成功も取り戻したのである。

親愛なるパパとママへ

まともな人間であれば、子供のために最善を望むのは当然だ。私たちの両親を見ていれば、子育てですべきこととすべきでないことが分かってくる。子供には幸福で健康に育って成功を収めてほしいと願うが、その選択が子供たちの将来にとって必ずしも最善とはかぎらないのだ。

トレードを職業とする者にとって、次のような選択は問題となる可能性がある。

1　常に安定した収入のある家庭で育った子供が起業家を志す。
　――リスクを冒すことを学んでいないかもしれない。

2　幸せになるためには自分の価値観や階級から出ないことだと両親に教えられた。
　――トレードで大金を稼げると考えることで、両親の価値観と自分自身の考え方の板挟みになるだろう。

3 両親が、社会に貢献するような職業を勧め、トレードをギャンブルと見なして思いとどまらせようとする。

――両親の善意に逆らうことに罪悪感を抱くかもしれない。

4 両親が、何ごとも安全を優先し、リスクを遠ざけることを教えた。

――建玉を仕掛けること、保持することを恐れるようになる。

5 両親が、相場で金銭的に嫌な経験をしており、同じ喪失感を味あわせまいと自分を思いとどめようとする。

――トレーダーとしての自分に不安を抱くことになるかもしれない。

結論

私たちがどのように育てられたか、その組み合わせが何であれ、人の育ちにはトレードの成果に何らかの弊害を及ぼす可能性が潜んでいる。たとえ両親が支援を惜しまずに育てたとしても……である。トレーダーにとって重要なのは、自分の可能性が最大限に発揮できないとき、この点に問題があることに気づき、それらの問題を取り除くために必要な措置を講じることだ。

第8章　困難からの逃避　パート1
RUNNING AWAY FROM THE HARD THINGS PART 1

「苦手なことから逃げ出すたびに、幸せな人生から離れてしまうわよ」

そう子供たちに言い聞かせていた女性の話を耳にした。子供たちは成長するにつれて、母親から同じ忠告を聞かされるのにうんざりしていたものの、それでもその言葉に従い、実際のところ彼らは皆、幸せに暮らしているという。

この警告はトレーダーにぴったりである。なぜなら、私たちが直面しにくいことこそ、私たちの弱さが何であるかを明らかにするカギだからだ。困難というのは、心地悪さ、恐怖、不安、無能、いらだちを感じさせるような事柄であることが多い。また、まさに成功への道を阻むものである。

最も高齢で賢明な私の顧客の一人にいつも聞かれることがある。

「一体これが、お金を稼ぐことと何の関係があるのかね？」

答えは「何もかも」だ。

自分の間違いを認める

多くのトレーダーは、自分の間違いを認めるのが苦手である。選択を誤ったこと、誤った建玉をすること、あるいは間違いを犯したことにどう対処してよいか分からないのだ。そのため、自分の気持ちを変えることができない。また、謝るのも苦手だ。

結果はどうだろう？　自分の過ちを認められないということは、間違った進路に入ってしまったことを意味する。その道は、喪失とお粗末な成果という結末に至る。謝るのを苦手とすると、感情的に追い詰められ、罪悪感という壁を背に弁解の余地がないことを弁解するはめになるのだ。

力強い支えがないかぎり、トレーダーは長期間、仕事のストレスに向き合っていくことはできない。

プランに時間をかける

多くのトレーダーがプランに時間をかけるのは苦手である。プランニングには、都合の悪い現実を見直そうという意志が必要になる。自分の本当の目標は何か？　進路の途上にある障害は何か？　目標に達するために必要なステップは何か？　これらのステップに進む能力、気力、準備があるか？　トレードビジネスで長期にわたって成功するには、この質問に答えられなければならない。

規律正しさ

多くのトレーダーは、規律正しい生活が苦手である。規律正しさとは、得てして「イエス」と言いたいときに自分に「ノー」と言えることである。それは、楽しみを長いことお預けにすることだ。また、骨の折れることをすることでもある。

実際、規律があるということは、ほとんどの場合、易しいほうが手招きしているのに難しい道を選ぶことだ。ご存じのとおり、トレードには規律正しさが求められる。

系統的である

かなりの数のトレーダーが、整理整頓を苦手とする。こうした注意力散漫なトレーダーたちは、一刻も早くトレードに飛び込みたい一心で、地道に段階を踏んで系統的なビジネス戦略を築くことを忘れてしまう。

私は無秩序のなかで溺れかけているトレーダーを何人も救い出した経験から、トレーダーが成功するためには、系統的でなければならないと自信をもって言える。この条件から逃げていると、早晩自分の乱雑さに足をすくわれることになる。

金銭問題に取り組む

トレーダーのなかには、お金の扱いを苦手とする人がいる。お金を作るのが商売の者にとって、この事実は矛盾するようだが、本当のことである。金銭への恐れや、そのほか金銭にまつわるさまざまな問題から、資金管理を怠るトレーダーがいるのだ。それにしても、資金管理ほどリスク制御のうえで重要なことがほかにあるだろうか？

人とのかかわり

トレーダーのなかには、人とのかかわりが苦手な人がいる。多くのトレーダーは、他人と一緒に働くのが苦痛で、人とかかわらなくて済むという理由からトレードに引かれる。社交性はない。しかし、数学、分析、ゲーム好き、研究、問題解決の技術で、ずば抜けている。そこで、人と交わらなくて済むようなライフスタイルを作り上げてしまう。

ところが不幸にも、人から逃げてばかりいるトレーダーは、トラブルに向かって突進しているようなものである。第一に、トレーダーは精神的な重荷を背負うため、家族や友人の支えが必要である。第二に、他人のお金でトレード資金を増やそうというのなら、人とかかわらなくてはならない。第三に、トレードというビジネス自体、ある程度は人と接していないと成り立たない。いかに短いつきあいであろうと、そのかかわりあいが、トレーダーのビジネスという歯車の潤滑油となるのである。

健康に取り組む

多くのトレーダーは、健康管理が苦手である。健康を維持することの大切さを考えるだけで不安になり、弱気になる人が多いからだ。健康を心配しなければならないということは、いつか死ぬということだと無意識に気づいてしまう。自分が死ぬという見通しがあまりに恐ろしく、信じがたく、受け入れがたいので、無視を決め込むわけだ。病院、歯科医、またはジムへ通って、事前対策を講じ、将来生じかねない問題を回避する代わりに、頭を砂に突っ込んで永遠に生きるかのようにとりつくろうのである。

トレーダーとのつきあいを通じて、私はよく知っているが、あいにくこの仕事にかかるストレスの大きさは、しっかりした健康管理をしないと重大な病気につながることがある。

感情を制御する

多くのトレーダーは、感情を制御するのが苦手である。

考え得るかぎり最も困難な知的チャレンジに打ち勝ち、仲間のトレーダーたちをもギャフンと言わせるような問題の解決方法を見つけ出せる。長時間働き、自分の肉体を統制し、見知らぬ人に電話で金を出させることもできる……。ところが、自分の感情を制御できないと、そのため自分のすばらしいシステムでトレードできないのである。

ウサギが走る理由

偉大なる二〇世紀の米国人作家ジョン・アップダイクは、人生の現実におののく「ラビット」という人物を描いた本をシリーズで書いている。

『走れウサギ』で、ラビットは人生に立ち向かえず旅に出るが、逃避の現実は、さらにとは言わないまでも同じようにつらいもので、結局は故郷に帰ってくる。この放浪記は、困難から逃げてみたものの、しまいには逃避が現実より苦しいものだと悟る、トレーダーたちにもあてはまる物語である。

では、なぜそもそも逃げるのか？

1　恐怖

トレーダーが困難から逃げる一番の理由は、恐怖である。通常、困難に立ち向かうと、苦痛、損失、失敗あるいは屈辱への恐れが生まれる。

ほとんどのトレーダーは「怖いから困難を避けるのだ」と認めたがらない。恐れを認めてしまうと、自分が傷つきやすく気が弱いと感じてしまうからだ。その代わり、

不完全なビジネスプラン

逃避する理屈を上手に並べたてることだろう。それでも事実は、恐怖が原因であることに変わりはない。

2　行動パターン

ある特別な問題や経験が苦痛と結びつくと、人は防御メカニズムを働かせるようになる。逃避や回避は、自分を苦痛から守るのにとても有効な防御メカニズムだ。結局のところ、有効なサバイバル・メカニズムなしには、人類は地球上で四〇〇万年近くも生き延びられはしなかっただろう。

最初に困難から逃げおおせたとき、ほっと安堵を覚える。「やれやれ！　間一髪だった」。無意識に、この安堵感は正しい道を選んだことへの報いと解釈する。将来、同じような状況に立たされ、同じ恐怖と不快感を味わったとき、安堵をもたらしてくれる「プランA」と同じ反応を示す。その後何回か困難に見舞われた後、しっかりと植え付けられた反応のパターンを身につけるようになるだろう。

3　ネガティブな結果はすぐには出ない

犬をしつけようとしたことのある人なら、家具をかじってしまった翌日にしかっても、犬の行動は変えられないと知っているだろう。困難から逃げるときも、すぐに結果が現れるわけではない。骨の折れることをしなかったことの報いは、普通しばらくたってからやってくる。そのためその原因となった回避行動に結びつけられることは少ない。

このように、私たちは恐怖のために困難から逃げ、その反応はパターン化してしまう。なぜなら、困難や不快な経験を避けてもすぐに報いを受けることにはならないからだ。しかし、いずれ代償は積み重なっていくものだ。

結論

「困難からの逃避　パート2」では、回避のパターンを打ち破る方法に目を向ける。まずは第一のステップを検証してみよう。

第一のステップでは、単にトレーダーが逃げている物事に目を向けている。彼を不安にさせるものは何か？　トレードをするなかで、重要な事柄を何とか避けて通りたいという衝動について考えてみよう。それらを書き出しておく。何から逃げているのかはっきりしない場合は、この章に挙げれられたケースを再読して、自分に当てはまるかどうか自問してみよう。

問題があることを認めるのは、得てして最も困難なステップとなる。しかし、その第一歩を踏み出すまでは目標に到達することはできない。

第9章　困難からの逃避　パート2
RUNNING AWAY FROM THE HARD THINGS PART 2

先ほどのパート1では、困難からの逃避という問題を検討し、トレーダーが回避の道を選ぶ最も一般的な理由を挙げた。残念ながら、困難からの逃避は結局のところトレーダーの成績に影響することになる。

ここでのキーワードは「結局のところ」である。回避をするとすぐに一時の安堵を覚える。ところが長期的な視野で見ると、トレーダーは目標達成への推進力を失うばかりか、目標に全く到達できないことにさえなりかねないのだ。

困難に対処する方法

トレーダーが困難から逃げ出す理由は普通、恐怖である。それは、失敗、苦痛、恥、不快感への恐れ、ときには退屈への恐れでさえある。次に挙げるのは、困難から逃げるのを思いとどまらせ、恐怖を取り除くようにする方法である。

1　問題を認識する

自分が逃避しがちな事柄をリストにする。避けようとすることは何か、正直に答えてほしい。自分が逃げ出したくなるのはどのようなときか、また困難に直面したとき、どのような気持ちになるかを書き出してみよう。さらに、困難を避けようとするとき、どのような順序でそうするのかも書き出すことだ。

問題の認識は、それをコントロールするうえでの第一歩である。問題があると認めた時点で、問題があなたを束縛する力は、覆い隠そうとしているときよりも弱くなるのだ。

なお、問題が何なのか分からないうちは、対処しようとしても無理である。問題を細部にわたって描写するほど、その原因、そしてそこから生じたネガティブなアンカーを突き止めることが容易になるだろう。

2　問題の順位を決める

ＮＬＰ実践者は、恐怖に対処しようとするとき、まず最大の恐怖が何かを探り出し、そこから程度の軽いほうへ進もうとする。

例えば、あなたが人前でのスピーチを苦手にしているとしよう。聴衆の前に立つと心臓発作を起こしそうな気持ちになるので、公衆の面前で話すあらゆる機会を避けている。問題は、地域の投資家グループの前でプレゼンテーションをする気がありさえすれば、トレードの資本金を劇的に増やせるのに、怖くて挑戦できないということだ。

では、この問題に序列をつけてみよう。まず想像し得る一番恐ろしいことが大勢の敵意ある聴衆の前に一人で立ち、即興の演説をぶたなければならないことだとする。自分のスピーチは世界中にテレビ放映され、自分の将来は、その演説の出来栄えにかかっている……。これなら、あなたを震え上がらせるのに十分なプレッシャーといえるのではないだろうか？

では、あなたにとって一番不安のない演説とは、どんな状況だろうか？　短く、しかもよくリハーサルしたスピーチを犬猫相手にやるとしたら？　生きた相手が無理だとすれば、ビデオ・ライブラリー向けにプレゼンテーションをしてみては？　それならできそうだろうか？

避けている事柄については、ほとんど脅威を感じず、自分でもできそうな簡単なバージョンを見つけるのがよい。まずそこから始めて、子供のグループ、十代のグループ、そして同年代の人々のグループに向かって話せるようになるまで、次々にステップアップするのである。するとある日、あなたは三×五インチカードのメモも必要とせずに、聴衆の前で朗々とスピーチしていることだろう。

3　精神リハーサル

飛び込み選手が新しい型のダイビングを練習するとき、六メートルの高さからいきなり飛び込むことはない。その高さにある狭い飛び込み台は、失敗の許されるところではないからだ。体操選手やスケート選手もまた、新しい技は、事故やけがのリスクが最少の条件の下で習得するものだ。

飛び込み台、床、氷のうえで本番の演技をする前に、頭のなかでリハーサルをしておく。そうすれば技をより早く安全に、また上手に演じられるのである。もし精神リハーサルをしたことがなくても、誰でもできるので安心してほしい。一つのことを行っているところを頭のなかで想像してみるだけでよいのだ。

精神リハーサルをうまくやるコツは、頭のなかでできるだけ細部を想像することにある。特殊なひねりを利かせた新技を習得中の飛び込み選手なら、台に立ち、ジャンプをして正確なタイミングで身体をひねり、しぶきも上げずに着水するところを想像してみる。心の目を通して、水を肌に感じ、プールの周りの音を聞き、水に溶けた塩素のにおいをかぎ、周囲のあらゆる詳細を見ることができる。そして、本番に臨むのと同じ要領で、頭のなかのリハーサルを何度も繰り返す。

このプロセスを今、自分が避けて通っているほとんどあらゆる行動に当てはめてみよう。もし仕事場の整理整頓を避けているとしたら、それを実行しているところを詳細に思い浮かべてみるのだ。想像のなかで仕事場がどんどん整理整頓されていくはずだ。

精神リハーサルには、また別の要素を加える必要がある。喜び、満足、平穏、安心、それに幸福という感情的要素である。思いきって困難を成し遂げたときに体験するはずの気持ちだ。リハーサルをするたびに、ポジティブな感情を積み上げるのである。少し練習すると、頭のなかで苦手なことをするのに慣れてくる。実際、そのうちに実行するのが待ち遠しくなってくるだろう。結局、何度も何度も繰り返したのだから、もはや苦痛ではないし、恐ろしくも、退屈でも、大変でも、未知の体験でもなくなっているというわけだ。

4 困難を楽しむ方法を見つける

私たちが困難を避ける理由は、その過程がつらいばかりで、少しも楽しくないからである。少なくとも、それが頭のなかに作り上げたイメージだ。

神経言語プログラミングでは、人の心の働きに注目し、その情報を生活向上のために利用する。心の作用を知るカギは、頭のなかでは人生のあらゆる事柄に対してアソシエーション（連想）が働くということである。

困難なことから逃げようとするのは、恐怖、苦痛、不快感とそれを結びつけることを学んでしまったからだ。逃げるのをやめる理由を見つけるには、つらかった経験を再構築しなければならない。つまり、それを楽しむ方法を見つけるのだ。ポジティブな連想を作り上げるのである。

例えば、トレーダーの自分が妻や子供に会うのを避けているとしよう。いつも人前でそわそわし、子供の前ではさらに居心地が悪い。その結果、あなたは自分の家族と長時間一緒にいるのが、とても苦痛になってしまった。子供たちのことをよく知らないし、妻には避けられ、あなたは面白くもない二つの人生を同時に生きている。自分の家族との間にあいた距離のため、精神的な安らぎも支えも得ることができない。

そこで、自分の体験を再構成して、家族と楽しく過ごしているところを想像してみる。これを実現する方法の一つは、家族についてポジティブで、楽しく価値のあることに焦点を当てることだ。たとえ、いつも圧倒的な居心地の悪さを感じていることに比べたら、そんなことはあまりにも少ないとしても……。

もし、子供たちが騒々しくわがままに思えたら、その子たちがあなたを笑わせた瞬間や、誇らしい気持ちにさせたときを思い起こしてみよう。そのときの子供たちの姿を心に浮かべるのだ。もし、寝る前に子供たちに本を読むのが唯一心安らぐときだとしたら、その時間を伸ばしてみてはどうだろうか。子供たちと一緒に旅行するのが苦痛ならば、車内で興じて熱中し続けてしまうようなゲームを企画して、その苦痛を軽くする方法を見つけよう。

自分の連想を再構成することで、人生を変えられる。再構成によって、いやでならなかった経験が、待ち遠しい経験に変わるのだ。

ただし、自分の連想に責任を持ってほしい。それを生み出したのは自分であり、それを変えるには相応の時間と努力を費やす覚悟がいる。また、連想を再構成するのに、手助けしてくれる人が必要になるかもしれない。すばらしいのは、自分がその気になりさえすれば達成できるということだ。

5　困難を行い自分に報いる

骨の折れることをするカギは「意欲」である。普通の人間は、困難なことが目の前にあって、誰かがしなければならないからといって、喜んでやったりはしない。ほとんどの人間には、苦痛や恐れや不快さへの抵抗を乗り越えるに足る理由が必要となる。

抵抗を克服するのに有効な方法の一つは、正しい行動に報いることだ。行動変容心理学者のおかげで、人間も研究室のネズミも、後にふさわしい報酬がありさえすれば、いやなことでもやり続けることが分かっている。

ふさわしい報酬とは何だろう？　私たち一人ひとりにとって、報酬は違うものだ。何が自分を笑顔にし、不快なことでもがんばって続ける気にさせるかは、自分だけが知っている。

報酬はポジティブなものであるべきだ。ポジティブな行動をネガティブな報酬で報いるという状況はいけない。ネガティブな報酬は、最高の努力をダメにしてしまう。これには、飲み物や食べ物、または余裕もないのにするドンチャン騒ぎなど、中毒につながる物も含まれる。

ビジネスプランのチェックリストとブル

ポジティブな報酬の例

●現在熱中している本を読む時間
●プロから寄せられたメッセージ
●映画
●友人とのテニスやゴルフ
●旅行――困難なことを完遂することの価値によって、短い息抜き程度でも、大盤ぶるまいでも
●誰にもいかなる理由でも邪魔されない、一人だけの夜
●買い物――パソコンのソフトや、新しいDVDプレーヤーなど

報酬が何にせよ、無意識に充足感を得られるだけの意味あるものにすることだ。

6 結果を見通す

困難なことをやり遂げたことで自分に報いるのと同時に、やらずにいることの痛みを無意識に感じることも大切だ。「困難なことをやらなかった」結果は、なかなか現

れてこないからだ。

そこで、長期的な成り行きを書き出し、実際にどんな代償を払うことになるかを認識するのである。また、大切な人々が被る損害を書き出してみることも重要だ。家族は影響を受けやすいので、結果は二倍になって返ってくる。

例えば、仕事と家庭の資金管理は不安になるので苦手だとする。しかし、もしすべてを失った場合、家族にふりかかってくる影響を書き並べてみるとよい。悪いことばかり書き出しているうちにいてもたってもいられなくなって、それを避けるように行動することになるだろう。

やる気をあおるために、ネガティブな結果だけを使ってはならない。困難なことをやらずにしておくことのネガティブな結果を並べたら、次はやり遂げたときの自分と家族への恩恵を挙げてみるのだ。

多くのトレーダーにとって、このリストはネガティブな結果と同じくらい、驚きの新事実となる。骨を折らずにいることで、どんな機会を逸することになるかが分かってくると意欲の水準も上がる。つまり、ネガティブリストとポジティブリストの両方を用意しておくことで、状況をバランス良く判断し、ポジティブな方向へ評価を傾けることができるわけだ。

7　プロセスにパートナーをもつ

避けていることをやり遂げるには、その過程であなたのパートナーになってくれる人を見つけるとよい。それは、あなたが成功したときには肩を叩いてくれる、熱心な支援者でなくてはならない。骨の折れることに手を貸してくれ、後戻りしそうなときには話を聞いてくれるような人だ。

ウエイトウォッチャーズ（編注　減量プログラムを提供する会員組織）では、ともに励まし努力し合える会員同士をつなぎ、食事を管理する手助けをしている。他にも心の悪魔を追い出し、困難に立ち向かおうとする人々を支援する団体が米国にはある。例えば、アルコホーリクス・アノニマス、ギャンブラーズ・アノニマス、オーバーイーターズ・アノニマスなど……。一二ステップ型のプログラムを実践する自助グループだ。こうした支援システムを探すこともできるし、単に同じ問題を抱える友人を見つけ、お互いに励ましあう形をとってもよい。

8　成功のモデル

困難を首尾よく成し遂げた人物を見つけ、その人たちを見習うとよい。その人物が、自分の避けている分野で成功しているだけでなく、手本にしたいと思える人物であることが大切だ。

その人の人生をそっくり欲しいと思うだろうか？　手本とする人物と自分の人格はどこが似ているかを検討し、その部分を真似るのだ。人を見習うことは、学習によって生活に変化をもたらすのに、恐らく一番手っ取り早い方法だろう。

9　勝利者と交際する

困難なことにいつも立ち向かう人たちを見つけ、その人たちとつきあう。このステップには、クラブや協会への入会が必要になる場合もある。例えば、自分が演説を苦手とするのであれば、トーストマスターズ・クラブに入会するとよいかもしれない。あるいは、人とのつきあいが苦手なら、市民クラブや、ハビタット・フォー・ヒューマニティーのような組織に加入し、建設的で穏やかな方法で人とつきあっていけるかもしれない。

すると気づかないうちに、難しいことをうまくこなしている人々の倫理観を吸収するようになる。そして、気がつけば自分自身もそれを実行していることだろう。

10　トレーニングを受ける

何かを行うのが苦痛で困難なのは、そのやり方をよく知らないからという場合がある。そこで必要なのは、指導やトレーニングである。図書館や書店に行って、そのテーマの本を読みあさったり、講座やセミナーに参加したりしてみてはどうだろうか。

数年前、家のなかをいつも散らかしていて片づけられない二人の女性が、どうしたら整理整頓嫌いを治せるか、一緒につきとめようと考えた。分かったのは、二人とも混乱と向き合う方法を知らないということだった。そこで二人はその方法を学び、ほかの人々にも教えるために、本まで書いたのである。

苦手なことをする方法を習うのに、カウンセラーやコーチを雇ったほうがよければ、そうすべきだ。困難なことが難しくなくなるヒントを得る道を発見するのである。

11　計画を立てる

最後に、困難なことを行うためのステップが、方針のなかから引き出され、その方針は目標から生まれることを指摘しておきたい。つまり、自分の目標が分かっていれば、途中の障害を克服するうえで必要な情熱と方向性が得られるというわけだ。

目標は、常に意識しているほど強力でなくてはならない。強力な目標は、どんな困難も乗り越えられる情熱を生む。

しかし、これは時間をかけて計画を練らなくてはできない。私はこれを最後に挙げたが、計画作りとは結局、最初のステップである。すべてがそこから自然に動きだす。それがなくては、悪循環にはまり、同じことを繰り返し、逆戻りし、勢いをなくしてしまうことになるだろう。

時間をかけて、包括的なビジネス計画と人生計画を練る。そうすれば、困難もそう難しいことではなくなるだろう。

結論

ご覧のように、困難を克服する有効な方法は一ダース近くもある。突如として困難はさほどやっかいではなくなり、手に負えない獣のように心にのしかかってくることもなくなるだろう。私たちにはそれを飼いならす方法がある。必要なのは、そうしたいと願う気持ちと意気込みである。

その過程で、自分が一人きりではないことを忘れないでいてほしい。同じ問題を抱えている人は他にも大勢いるのだ。そして同じくらいたくさんの人が、首尾よくやりこなす方法を知っているのである。支援を求めれば、それはきっと見つかる。

ある日を境に、困難なことをやり遂げるのはたやすくなり、あなたは人生の次のステップを踏み出す準備ができていることだろう。

第10章　トレーダーになる度胸
THE COURAGE TO BE A TRADER

トレードは、おとなしい人や穏やかな人には向いていない。トレードほど度胸を必要とする職業はあまりないだろう。ほとんどのトレーダーが、この仕事に足を踏み入れた瞬間から、足を洗うその日まで闘い続ける。

初めの学習期間から、大多数の偏見、有効な手法の模索にいたるまで、常にハードルが待ち構えているだろう。それに環境面、心理面の難問や、常に変動する相場という問題にも対処しなければならない。取るべき新たなステップ、取り組むべき新たな問題一つにしても、度胸なくしては立ち向かえない。トレーダーが次の挑戦に立ち向かい、なくてはならない勇気を奮い起こす原動力となるのが、金銭的報酬、興奮、自分のなかにある恐怖の克服である。

トレーダーになるため、どれほどの度胸が必要か理解するため、一人のトレーダーの成長過程を例に、その道のりで越えなければならないハードルに目を向けてみよう。

無垢の喪失

彼が初めてトレーディング・ルームに足を踏み入れたとき、興奮が湧き上がるのを感じ、こう叫びたくなった。

「見つけたぞ！　ぼくの宿命を見つけたぞ！」

彼は目に入った書店に駆け込み、『サルでも分かるトレーディング』といった類の本を買う。そしてそれを読み終えるや虎の子の一万ドルを証券会社に振り込み、株式取引の口座を開設する。そして即座に使い果たす……。

こうして彼は、手荒い洗礼という最初の通過儀礼を経験するのである。彼はその先の各段階でも勇気を奮って、こうした通過儀礼に対処していかなければならないのだ。

それで君はギャンブラーになる気なのか……

彼が大打撃をくらった最初の大損失から再び立ち直り、トレードに向かうころには、すでにあきらめて脱落した大勢のトレーダーを越えていることになる。

次に立ち向かわなければならないのは、周囲の人々、自分への支援を惜しまなかった善き人たちである。その人たちが急に応援をやめ、不安と否定の空気をまき散らすようになるのだ。

「何を考えているんだ？　レニーおじさんみたいなばくち打ちになろうっていうのか？」

その人たちは、同じ道をたどって一文無しになった気の毒な愚か者たちの話をして聞かせる。そして、彼自身と妻子のためにも、職業の選択を考え直すよう迫る。

多くのトレーダーは、反対者たちの一斉攻撃に立ち向かうだけの度胸は持ち合わせていない。トレーダーが将来性ある職業だと理解しない「善意」の友人家族を説得するには、彼自身がビジネスマンとしてトレードに接していなければ無理である。

周囲の大切な人々の支えなしで、彼はプロのトレーダーとなるために必要なステップを踏んで行かなければならない。そして彼らの支援を得るには、自分がトレーダーになる以上の志を抱いていることを示す必要がある。

また成功には、教育、トレーニング、経験を積まなければならない。

「読み書き算数」

さて、トレード戦士道の第一歩を踏み出した彼の最初のステップは教育だ。

この第一歩を踏まないかぎり、自らをプロのトレーダーと呼ぶことはできない。ことによると、この時点で、このダイナミックな職業の障害に立ち向かう強い精神を持ち合わせていないことに気づくことになるかもしれない。トレード書籍が初心者の目には、とても難解に映るからだ。怖気づいてしまうかもしれないというわけだ。しかし、簡単な本から始め、だんだん難易度を上げていけば、このステップを首尾よくこなせるだろう。

そう、トレーダーは本を求め、トレードと相場に関して、できるかぎり読み込まなければならない。相場について「サルでも分かるシリーズ」以上の理解を身につけなければ、常に変化する相場で拠り所とするものを何ももたないことになる。

長期的に安定した高い収入を目指すなら、相場で起こり得るあらゆることに対処できるようにならなくてはならない。トレードの世界には、数多くのプログラム、セミナー、コーチが用意されている。ただし、トレーダーの教養の大部分は、自分自身の経験から身についたものでなくてはならない。

重要なことだが、この道程に終わりがない。知識を積めば積むほど、教育の修業は大変でなくなるのは事実だ。だが現役である以上、学び続けないと、急に足をすくわれることもあるのだ。

なぜ計画が必要か？　たかがトレードではないか

ひとまず知識の基盤を築いたら、次のステップは、それをもとにビジネス計画を練り上げることだ。私はトレーダーのコーチ役を一二年やっているが、文書の形でビジネス計画を持たない自称プロのトレーダーが大勢いることに、いまだに驚かされる。そう、それは文字になっていなければいけない。彼は、事業内容を書き出していくことで整理し、自分の手法に不備がないか調べられるのだ。この手間をかけることによって、損失から教訓を得るはめになるのを避けられるわけだ。

多くのトレーダーが勘に頼ってトレードをしようとする。そのため、ビジネス計画を書き出そうとしたがらない。書き定められた方法にのっとってトレードするなど、退屈で息が詰まると感じているのだ。

確かに私の知るかぎり、最良のトレーダーは直感を指標に自己裁量で売買する人々である。しかし、彼のような初心者は明確に文字となったルールによる手法を持たないかぎり、自分の方法を信頼できないだろう。

もっとも、直感は数値化できる。それを一定期間検証して確認できれば頼りになる。実際のところ、トレーダーが心身共にバランスのとれた状態であるかぎり、直感は最も信頼できる指標ではないかと私は考える。

検証、検証、検証

トレーダーのビジネス計画のなかにはもちろん、自分なりの手法がある。「過去と未来が同じ結果にならないとはいえ、その手法は自分の目標に達するだけの結果を出せる」と確信し、そのことで自信を持たなければならない。

彼が自信を培う最良の方法は、自分の手法を検証してみることだ。多種多様な方法で売買システムを検証してみる。すると、自分の方法論がそれほど信頼できないと分かってくるかもしれない。

そこでパラメーターを相場の現状に合わせて調整してみる。すると、その手法はうまく機能するかもしれない。ところが、再び相場つきが変化すると、突如としてシステムが自分の手法は間違っていると告げてくる……。そして、そのたびにいちいち調整していると、ストレスがたまって精神的に不安定になってくる……。結局、イライラ、恐れ、怒りから、かんしゃくを起こしてしまう。

これもまたトレーダーが直面する通過儀礼である。自分の手法が試されているだけでなく、自分の成功への決意の強さも試されているのだ。

かんしゃくを克服するか、トレードを投げてしまうか……。かんしゃくを起こすか、それともどちらかと言えば起こさないかが、不屈のトレーダーと目標に達しないトレーダーの分かれ目になる。このことが突如として問われるのである。

懇願、借金、貯金

彼がトレードで利益を出すコツをだいぶ分かってきたと思いはじめたころ、また新たなハードルが彼の前に立ちはだかる。それは資金、特に自分のトレード資金をどのように積み上げていくかである。

トレーダーになる途上で破産を招くようなことはしたくないので、彼は運用資金を家族の貯蓄のほんのわずかな部分にした。家族の貯金を使うのは、自分にとっても家族にとっても重圧である。トレードを続けていくのに十分な資本がなければ、金銭的な重圧から解放されるまで副業としてトレードをするしかない。

トレードでビジネスを興し、続けていくには、トレードで使う資金以上の資本が求められる。そして平均的な優良トレーダーは、二〇％近い利益を一貫して上げ続けている。生活費、ビジネスの諸経費、それにトレード資金を合計すれば、フルタイムでトレードをする用意があるか、およそ見当がつく。なかには、かなり高いリターンを上げる例外的トレーダーもいるが、大多数は例外ではない。平均的な水準に達しているだけでも成功と考えるべきだ。

トレーダーの間では「平均的」かもしれない。しかし、世間では人並レベルどころではないのだ。トレーダーへの道程に立ちはだかる障害を乗り越え、進んできたのは大変なことなのである。

パソコンと塹壕戦

さて、いよいよ彼がプロとして最初のトレードをする日がやってきた。立派な機器と信頼できるデータサービスをそろえ、地元のプロバイダーと契約して、高速回線も整えた。それでもまだ障害は途中に待ち構えている。

- パソコンが原因不明の故障を起こす
- パソコンは大丈夫だが、データサービスが稼働しなくなる
- データベースでタイミングよく株式分割をできない
- 自分のトレード活動が正常に戻るまで何日もかかる

彼は、パソコンを叩きながら、聞いてくれる人に誰彼かまわずわめきちらすだろうか。それともフラストレーションを受け入れることを学んだだろうか。すべてがスムーズに動いているときでさえ、ほとんどスリッページ（編注　理想的な約定値と実際の約定値のズレ）のない迅速な約定を得られるか、という問題がある。

プロの売買環境には、こうしたあらゆることが含まれている。こういった問題に煩わされ、一日何も手につかなくなるくらい混乱してしまうだろうか。それとも、その日その日の障害をトレードの一部と受け入れ、ストレスをためることなく、全システムが機能すればすぐにトレードを始められるだけの精神的たくましさを備えているだろうか。

ルールが守れない

今では彼も、パソコンを窓から放り投げても、ただ遅れるばかりだし、人に向かって怒鳴っても、自分の気持ちが乱れるだけだと分かってきた。しかし、いったん自分の能力の枠内で仕事ができるようになると、彼は最大の難関に直面することになる――「自分のルールに従えず、仕掛けることができない」「たとえできたとしても、うまいタイミングで仕切れない」

彼は基本的なことを組み込むのを忘れていた。それはトレードの心理学である。そう、トレードに心理学は存在する。たとえ今、トレードで大きく儲けていたとしても、自分の心理的問題を解決する気にならないと、結果的に成績に響くことになるだろう。トレードを始める前から心理的問題に対処することの重要さを理解しているトレーダーは、問題が発生してからそのことに気づくトレーダーよりも先んじていることになる。

トレーダーが心理的問題を避けて通ろうとする一般的な理由は「恐れ」である。この障害を克服するには、勇気がいる。

ライオンに変身するブル

変動する相場

彼は、ついに心理的問題の多くを解決し、今や安定した優れたトレーダーとなった。その過程で、彼は相場の流れとリズムをマスターし、毎月銀行に利益を振り込めるようになっていた。両親は彼を誇りにし、「トレーダーのわが息子」と呼ぶようになった……。

ところが、相場は急変する。大きなトレンドは消滅するのだ。今や相場は弱気なのに、彼はまだ強気ということもある。

こういうとき、彼がプロであれば情熱は失わない。彼は振り出しに戻り、調整を行う。コントロールを取り戻そうと奮闘するうち、彼はトレーダーとして成功する要素の一つは「ストレス管理を学び、こういった調整に慣れること」だと分かる。

世界は変化し、彼も変わらなくてはならない。むしろプロのトレーダーにとって、変化こそ自分を前進させ続ける刺激の一部なのだ。

結論

トレードで長期的に成功するには、気が弱くてはだめである。その過程にあるステップの一つひとつが、自分の気骨、スタミナ、柔軟性、性格への挑戦となる。不快なことは日常的に生じるし、変化は常に起こり得る。自分の心理状態がこれまでの努力をすべて水の泡にしてしまうかもしれない。

プロのトレーダーとして生き残るには、これらの障害を単なるゲームの一部と見なす度胸がいる。それでこそ、勝利をつかむことができるのだ。

第3部 妨害のワナを避ける

Sabotage Trap to Avoid

第11章　保留の人生——トレードの理想像

LIFE ON HOLD: PUTTING YOURSELF IN THE TRADING PICTURE

あなたがもし、トレードから一時身を引いているとすれば、もちろんそれなりの理由があるのだろう。あなたが行き詰まった話には、やはり辛い体験談をもつ無数の人々から、同情や同意の声があがるはずだ。

一方、あなたと同じくらい大きな壁にぶつかりながら成功し続けているトレーダーもいる。こうした人たちがいかに「言い訳」を克服したか見ていこう。

資金がない

新人のマネーマネジャーとしてジョーが運用していたのは、わずか二五万ドルだった。彼の収入は、運用資金の二％となる標準的な管理手数料と、顧客のために稼いだ五四％のリターンの二〇％となる成功報酬から成り立っていた。つまり、すぐれた実績にもかかわらず、彼の年収は、わずか二万ドル程度だったわけだ。

経費を払ってしまうと、ジョーはほとんどその日暮らしだった。悲しいことに銀行口座には、トレードを半年続けるのがやっとの運転資金しかなかった。当然のことながら、彼の財政状況はトレードの収益にも影響しはじめた。

ジョーが成功できなかった理由は次のとおりである。

●不十分な運用資産
●マネーマネジャーとしての実績を売り込む人間がいない
●自分を売り込む時間と才能がない

ティムもまた、マネーマネジャーになる前に、マーケティング、営業、スピーチ、作文を学んでこなければ、ジョーと同じような目にあっていたかもしれない。トーストマスターズ・クラブを通じて、彼はグループを前にトレードについて話せるようになった。またトーストマスターズ・クラブでのスピーチのために本を読んでいて、営業とマーケティングを学んだ。さらにこれらの本は、記事を書き、彼のアイデアを発表するヒントとなった。

マーケティングを研究するセミナーに参加したとき、後に彼のマーケティングと営業を担当することになるデビッドに出会った。ジョーが失敗するのにかかった時間よりも短期で、ティムのトレード会社はたちまち一〇〇〇万ドルを管理するようになったのである。

法的官僚主義

近ごろトレーダーたちから、劇的な裁判沙汰が多大なストレスとトレードの低迷の原因になっているという話を聞くようになった。ある人はトレードを中断し、またある人はトレードの質を落とすまいと連日奮闘している。こうした裁判には、離婚調停、子供の養育権争い、相続権争い、ビジネス関連の紛争と、あらゆる可能性がある。

ここに挙げるのは、トレーダーの仕事を大混乱に陥れた裁判と、そこから抜け出すためにとられた方法の例である。

ジェリーは所有しているビルをオフィスとして貸し出していた。テナントの一人が、大型機器を保管するため、ビルの屋上に彼の許可なく物置を建ててしまった。この建設計画は、ジェリーに相談することも、補償措置を講じることもなく進められており、ジェリーは法的な措置に訴える前に、テナントに対して物置を撤去して屋根をもとに戻すよう要請した。この要請が拒否されたため、裁判に持ち込まざるを得なくなったのである。

そうこうして、彼が法制度と戦いはじめて一年たった。同じような境遇にある多くのトレーダーと同様、体制と争うことで不安とストレスがつのり、健康にも弊害が出始めた。朝は疲れ切って目覚め、次から次へと病気にかかった。その間、ジェリーのトレードは、気苦労、フラストレーション、怒りのために棚上げ状態になっていた。

ジェリーが助けを求めてきたとき、私は彼に「状況を打開するため、持てる力のすべてを注いでいるか？」と尋ねた。すると彼は、片付けなければならない課題のリストは短く、残りは弁護士に任せてあると認めた。「あなたはご自分の弁護士に、その仕事を任せるだけの信頼を置いているのですか？」と私は聞いた。彼は信頼していると答えた。ジェリーにとって、もう祈ること以外、倫理的にできることは何もなかったのである。

私は、もし自分に不利な判決が出たら、あるいは示談になったら、そして自分に有利な裁定が下ったらどうするかを尋ねた。そして、それぞれのシナリオを頭のなかで演じ、最良の結果になるように臨む自分を想像してみるよう勧めた。さらに、不安になるたびに、この精神リハーサルを繰り返すように指導したのである。
このエクササイズが役に立って、ジェリーはトレードの調子を取り戻した。

組み合わせを換える

トレーダーは、私生活が不調に陥ると、トレードを棚上げにしてしまうことがよくある。トレーダーの結婚や家庭生活が、トレードへの集中力を奪ってしまうのだ。

サリーとマーティーは幼馴染みである。二人の結婚は、同じ部族文化のなかで行われたと言ってもよいものだった。つまり、サリーとマーティーは同じ町で育ち、独特の価値観と習慣をもつ民族的伝統を共有していたわけだ。

二人の結婚は安定しており、日常生活も平凡でこれといった目新しさはなかった。サリーは献身的な妻になり、家のなかを完璧に切り盛りし、愛情深い母となって、夫が大学を出てビジネスを発展させるのを陰ながら支えた。マーティーは、非常に成功したトレーダーになった。二〇年間というもの、サリーとマーティーは恵まれた結婚生活を送った。たとえ仕事のために家族が顧みられないことがあっても、サリーはマーティーの味方となり、彼の夢を支えたのだった。

ところが、そこにリズが現れた。マーティーは出張先でリズに巡り会うまで、すべてを手に入れていると思っていた。ところが、情熱あふれるリズによって、マーティーは目の前がぱっと明るくなるのを感じたのである。二カ月もしないうちに、彼はそれまで味わったことのない感情に、なすすべもなく溺れてしまった。

マーティーは妻に離縁状を突きつけた。この事態は、サリーと子供たち、それにマーティー自身にとっても、壊滅的な打撃となった。突然、マーティーの人生を支えていたバランスがおかしくなってしまったのだ。

トレード中断

リズは、マーティーに彼がそれまで知らなかった情熱を与えた。ところが、この生活の変化がトレードには痛手を与えた。

マーティーとサリーの組み合わせには、傑出したトレードを支える独特の相性があった。一方、マーティーとリズの新しい組み合わせは、彼のトレードを棚上げにしてしまった。リズは要求が多く、マーティーの心の焦点とエネルギーをトレードからそらしてしまったのだ。

安定感とバランスの欠如を感じ取り、マーティーの顧客たちは次々に資金を引き上げてしまった。マーティーがいかれてしまったと思っているパートナーは、彼のしりぬぐいをするはめになった。さらに悪いことに、マーティーは事態の深刻さを認めようとしなかったのである。

しかし、マーティーが組み合わせを換えないかぎり、彼は困った結果を迎えるだろう。もしマーティーが、トレードの調子を戻すために、リズとの組み合わせを換えようとすれば、かつて妻のサリーとともにあったときと同じ状況になるだろうか？

人生の問題は行き詰まりの立派な原因

ロバートはエンジニアの仕事が嫌で、トレーダーになるのを夢見ていた。ところが、人生の重大事がいつも、夢を実現しようとする前に起こるのだった。その結果、トレードは常にお預けになっていた。

最初の障害は、収入が途切れるのを恐れて、彼のトレードをやめさせようとする妻だった。ところが妻と別れるやいなや、父親が病気になってしまった。ロバートは、父親に残された日々を一緒に過ごそうと決めた。

電話で待たされるブル

さらにはロバートの妹サラである。サラは、結婚したときに父親から家と新車を贈られたのに、父親を訪ねようとも、介護に手を貸そうともしなかった。ところが、遺言に自分の名前がないと知ったとき、彼女は家と少々の貯金をロバートに譲るという父親の遺志に異議を唱えたのである。裁判所が争いにケリをつけるまで、ロバートはまたしてもトレードを棚上げしてしまった。

たしかにロバートには、自分の希望に従えない切実な理由が連続していた。しかし、判決の後にトレードを始めるつもりか聞いたとき、彼は気持ち良く仕事を辞めるのにやっておかなければならないことを、順を追って説明しだした。私は妨害の気配を感じた。そこでロバートに、今トレードを実行するのに必要なのは何かと聞いたのである。彼はこう答えた。

「私が決心することです」

ロバートは決心し、裁判が終わるころには、トレードを始める準備が整っていた。ロバートの場合、夢を追うのに誰かの許可をもらう必要があったにすぎない。ところが彼に前進を許可するようなことは、けっして起こらなかったのである。心のどこかで処理すべき別の危機があると信じていた。

しかし、なぜそう考える必要があるのか？

幸い、さらなる危機は訪れず、今では存分にトレードを楽しんでいる。しかし、もし別の危機が持ち上がっていたら、彼はまたしてもトレードを棚上げにしていたかもしれない。

わが道を行く

トレーダーがトレードを保留する最も一般的な理由、それは恐怖である。重大な過ちを犯すこと、完璧でないこと、失敗、恥をかくこと、資金をすべて失うこと、そして苦痛を味わうこと……の恐怖だ。それぞれのケースで、恐怖は損失にまつわることであり、損失は常に痛みを伴う。したがって、損失の痛みを味わうよりも、トレードを休んだほうがよいと、彼らは無意識に理屈づけてしまうわけだ。

ジェラードは妻子ある企業役員だった（『その男ゾルバ』でいう「全くの大惨事」である）。そして生活環境が変わったとき、ジェラードは早期退職して自分のために生き、何でも好き放題にやってやろうと決めた。

彼の夢の一つは、デイトレーダーになることだった。机に本とパソコンを並べ、準備は整った。ジェラードはテクニカル分析に基づいたデイトレード・システムを自己裁量で動かすことにしたが、難しくて相場に手を出せなくなった。売買システムを信頼できず、自分自身も信じていなかったからだ。完璧主義者だったために相場の読みを誤っているのではないかと不安になったわけだ。

また、各々のトレードから最大の利益を上げられないことも心配だった。私が主宰する『トレーディング・オン・ターゲット』セミナーに参加したとき、彼はビジネス計画を立てることの重要さを学んだ。セミナーの参加者たちの前で、彼はセミナーの覚え書きにも記されているビジネス計画を完成させると宣言した。

もう一つ、彼がセミナーで学んだ重要なことがある。自分のシステムが「GO」のシグナルを出しているときにトレードを実行しないのは間違いということだ。トレードを思いとどまるのは、トレーダーとしてルールに従っていないことになる。明らかにジェラードは「トレードで誤りを犯すこと」の意味を取り違えていたわけだ。

ところが、ジェラードはいまだに行き詰まっている。彼はビジネス計画を完成させる誓いを果たせず、誤りの意味も解釈し直そうとしていないからだ。独自のやり方でトレードをしようとし、自分が正しいと証明せずにはいられないようだ。それでどうなったか？　彼はまだトレードを仕掛けられずにいる。

「今までどおりのことをしていれば、手に入るのは今までと同じものである」

保留を解除

次に挙げるのは、心理的なバンカーから抜け出す方法である。

1　自分が行き詰まって、にっちもさっちもいかなくなっている状態だと認識する。

2　引き止めている原因と考えられる引力は何か、口に出してみる。

3　求めるものを手に入れるため、どうすれば状況を変えられるか決断する。

4　引き止めているものが問題でなくなったときの選択肢を検討する。

5　考えられる結果について、どのような心構えをすべきか検討する。

6　求めるものを手に入れるために、何かをあきらめなければならないかどうかを考える。自分にその覚悟があるか？

7　目標に到達するために検討しなければならないことすべてをリストに書き出す。できることはすべて自分の力でやり遂げる。

8　目標達成後の人生をどう過ごすか考える。

9　結果が見えていて、それが起こるのを待つだけだとしたら、その待ち時間を自分にとってポジティブな結果となるよう判断することに利用する。

10　問題を自分だけで解決できなければ、その処理に力を貸してくれる人を雇う。この過程では、予算の許すかぎり最高のプロを雇い、どんな結果を望んでいるかを明確に伝える。

11　低迷している間は、資金を節約して安全ネットを張っておく。事態がうまくいっていようが悪化しようが関係なしに、毎月資金を積み立てておく。

12　これらの初期のステップを経た後、課題にタイムラインを設けて計画を完成し、失敗する可能性のあるすべてと、成功する可能性のあるすべてについて代替プランを立てておく。それぞれの代替プランに対し、それにそった行動計画を決めてリハーサルする。

結論

トレーダー生活での安定した状態が急に崩れると、トレーダーは往々にしてトレードや私生活を保留にしてしまう。悪いことに、秩序と安定感を取り戻すための具体的な対策がとられないかぎり、「保留」状態はそのままずっと続いてしまう可能性がある。どんな事情でも、トレードを保留する言い訳にしてしまうトレーダーもいる。

トレードそのものがあまりに大きな挑戦なので、トレーダーは自分自身についての信念と、本当に望んでいることを吟味する必要もあるだろう。理由のいかんにかかわらず、保留を解除する過程では新たなエネルギーと熱意を相当に注がねばならない。この新しい力の源を探し当てるためには、おのれを深く掘り下げなければならないのだ。また、手助けを求める必要もあるかもしれない。

第12章　満足を知らない

NEVER ENOUGH

ジャックは、自分のトレード結果に満足することがなかった。何度も自分の売買システムの問題を探したが、どんなに微調整をしても、指標はいつもずれていた。また情報サービスや新聞、情報源をどんなに利用しても、十分な情報がタイミングよく届かないと何度も感じていた。そして何よりも問題に感じていたのは、いくら金を稼いでも十分でないということだった。

ジャックは自分のトレードに、けっして満足しない。その結果、彼は不満をため、怒りっぽくなり、あるいは落ち込みやすくなった。

こうしたネガティブな感情は彼の仕事ぶりにも影響し、絶好調でトレードできることは少なかった。もし自分の人生に満足していれば、ジャックのトレードは飛躍的に伸び、自分で設定した目標よりもはるかに多くの利益を上げることができただろう。

グラスが満たされない症候群

もちろん、これはジャックに限ったことではない。多くのトレーダーが、このけっして満足できない感覚を経験している。人生というグラスは、どれほど注ぎ込まれようと、けっして満たされることがないのだ。

例えば、どれほど多くの……

- ●賞賛を受けようと……まだ真価を認められていないと感じる。
- ●愛情を受けようと……愛されていない気がする。
- ●成功を収めようと……十分に成功したと感じられない。
- ●金を稼ごうと……まだ足りない。
- ●時間をトレードに注ぎ込もうと……まだ努力の余地がある。
- ●安全を確保しようと……まだ無防備な気がする。
- ●容姿の美しさに恵まれていても……見劣りすると感じる。
- ●注目を集めようと……まだ無視されている気がする。

個々のトレーダーで表れ方は違うだろうが、根底にある問題は同じである。もしもトレーダーがグラスだとしたら、最高のパフォーマンスの水準でトレードをするには、縁まで満たされていなくてはならない。しかし、グラスに穴があいていたり構造が悪かったりして、始終修理しなければならないとしたら、この水準に到達するのは無理である。

残念ながら、多くの人がこのカテゴリーに入る。子供時代から引きずっている精神的、肉体的な傷あとが器を傷つけており、何を入れても漏れてしまうのである。結果、彼らのグラスは、けっして満たされず、十分に得ることはなく、どんなに努力しても、トレードの成果に満足することはできないのだ。

満たされないことの代価

リルが、夫のマービンを助けてほしいと私に電話をしてきたとき、彼は助けなど必要としていないと主張し、二人の関係を裏切ったとリルを責めた。リルによると、マービンのトレードはここしばらく低迷しているとのことだった。彼は気性が激しく、しばらくおとなしくしていると思ったら、突如怒り出すのだった。

リルを何よりもいらだたせるのは、過剰な褒め言葉や感謝の表現がないと、マービンが満足しないことだった。リルがいくら安心させようとしても、彼は納得しないのである。マービンがちゃんとゴミを出してくれたら、それに気づいて何度も「ありがとう」と言わなければならない。なぜなら、二度目か三度目に言うまで聞こえていないからだった。

マービンのグラスを満たす努力は、長期的には膨大なものにふくれあがっていた。しまいにリルはマービンをいつも支えることに疲れてしまい、「いつも」が「時々」になり、ついに完全に「ストップ」してしまった。この中断がマービンを猛烈に怒らせることになり、気の毒な妻を震え上がらせたのである。

マービンのトレードは、彼が安心感を求めていることを見事に反映していた。リルがマービンのグラスを半分満たしておくくらいの安心感を与えると、彼は平常にトレードできた。彼女がいやになってしまったり、放っておいたりすると、マービンはすねて怒り、トレードできなくなってしまうのだ。

十分な安心感を得られないことで、マービンが支払った最初の代償は、彼のプロ生活に現れた。彼は自分の熱意、技術、知性に見合うだけの成功をトレードで収められなかったのである。

第二の代償は、彼の私生活に出てきた。リルにとって、無理に「ありがとう」というのは不自然であった。マービンはそれを感じ取り、ネガティブな反応をしてしまうのだ。

問題の根源を探る

ジャックもマービンも子供時代、不満の多い批判的な両親に仕切られていた。

ジャックの両親は、彼の学校の成績に対してヒステリックだった。もしジャックがAマイナスでもとってこようものなら、努力が足りないといって叱られた。レポートの宿題が出たら、資料に残らず当たるようにと、週末中、図書館に缶詰めにされた。そして家の手伝いをすべてすませるまでは、ベッドにつくことも許されなかった。ところが、いったんベッドに入ってしまった後、いつもジャックがし忘れていたことが発覚するのだった。

この少年期のトレーニングの結果、ジャックは「一人前になるには完璧でなければならない」と思い込んでしまった。必要な事実や情報がすっかりそろうまで、彼は存分に力を発揮できなくなってしまったのである。そのため、彼はシステムを飽かず改善し、ありったけの情報サービスと契約してもまだ、自分が完璧からほど遠いと思い、なかなかトレードを始める心の準備ができなかったのである。

マービンの両親も似たようなものだったが、結果は違っていた。マービンが何をしても両親に気に入られることはなかった。

両親は、彼を褒めも励ましもしなかったのに、妹をやることなすこと褒めそやした。マービンはこの経験から、深い憤りをため込んでしまった。その経験は妹や母親と結びついていたので、彼の女性との関係は、幼いころからの拒絶によってねじ曲げられてしまったわけだ。そのため、彼は常に妻の元気づけと励ましを必要とし、彼女にそれができなかったり、しぶったりすると、怒りが爆発してしまうのだった。もちろん、どんな励ましも彼には不十分だった。

けっして十分ではない

人生の一分野に受けた心の傷は、結局後になって同じ分野か、けっして満たされない別の分野に現れてくる。

例えば……

●トレーダーが貧しい境遇の出身で、健全な安心感を育むことができなかったとしたら、貧困意識を持ってしまい、いくらお金があっても足りないだろう。豊かさは、いつもその手をすり抜けていく。持っているお金はどんどん使い果たしてしまう。いつも小銭に気を取られ、本当のお金に集中できない。

●マービンのように、トレーダーが過去に常に批判されていて、適度の自尊心を育てられなかったら、その人はいくら褒められても満足しないだろう。あるいは、反対に褒められても聞こえないように無意識にブロックしてしまう。

●若いトレーダーは、愛されていなければ、自己愛を育てることができず、家族や友人から受ける愛だけでは足りなく感じてしまう。切実に愛されたいと願っているのに、自分を愛する人々を遠ざけてしまうのだ。

●やり遂げたことを何でもかんでも批判されれば、相場でベストの成績を出しても、達成感をもたらすには十分ではない。

不足感からくるストレスはトレーダーの成績に影響し、彼は金を失っていくことになる。

裕福に暮らすブル

どうしたらよいか？

満足できない人にとっては、専門家の助けをあおぐことが最大限の結果を出せる唯一の方法である。このような行動パターンの原因となる心理的障害は根深いが、心理カウンセリングで容易に取り除けるからだ。

とはいえ、多くのトレーダーが、専門家の援助を求めるよりも、むしろ努力を怠り、あがき続けることだろう。しかし、次に挙げる自助策が、不足感からくる障害を軽減する助けになるはずだ。

1　第一に、トレードだろうと、自分自身や周囲の人々だろうと、自分の世界から得るものに、けっして満足できないという事実を認識する。評価、賞賛、愛情、援助、安心、承認、金銭、安全、成功……十分に得られないと感じているものが何なのかを判断する。

2　自分が何を必要としているか分かったら、それを自分にしてやることだ。例えば、いくら褒められても足りないと思ったら、自分を褒めるのだ。他人にしてもらうことを期待してはならない。自分を褒めるのは抵抗があるかもしれない。しかし自分はそれを受けるに値すると認めること。楽にできるようになるまで続ける。間もなく、自分の考え方に変化が出てくるようになるだろう。

3　ほかの人々に、自分が何を必要としているか伝える。初めのうちは、あなたのことを気にかけてくれる人に限ったほうがよいかもしれない。例えば「ぼくがあなたのために何かして喜んでもらえたときは、そう言ってほしい。ぼくにとって、とても大事なことなんだ」

4　周囲の大切な人々に、この援助を定期的に続けていく必要があることを伝える。

5　彼らに、どんな形で示されれば、自分にとって最も効果的かを伝える。注意してほしいのは、自分が期待するような形で表現されるとは限らないことだ。そうなっても、喜んで受けるようにする。

例えば、感謝の表現として言葉を期待しているかもしれない。「あなたのしてくださったことに、とても感謝しています。本当にどうもありがとう」。しかし、表情、贈り物、抱擁、その他の方法でも、同じ効果が得られるかもしれない。意味しているのは同じことだ（マービンの場合、言葉だけでは足りなかった。彼は、褒め言葉にはハグなど、何らかの接触が伴っていないとだめだったのだ）。

6　いくらあっても足りないものをもらったとき、そのことを自分自身に告げ、また、そのことでどんな気持ちになったかを認識する。「妻が、ぼくのしたことをとても喜んでくれ、それを聞くと気分が良くなった」。何か欠けていないか考える。

これらのことを実践しても、底に潜む傷を癒すわけではない。しかし、いくらあっても足りないという渇望感を軽減することは可能だ。

結論

いくらあっても満足できないトレーダーは、自分で自分の運用成績を阻害している。子供時代の心の傷が、トレードと私生活に何らかの形で現れ、欲しいものが、けっして手に入れられないという感覚に襲われるのである。根底にひそむ問題に取り組む最善の方法は、専門のカウンセラーに相談することだ。だが、問題を認識し、必要なことを口に出して表現し、感じていることを意識することで、トレーダーはさらに自制できるようになるのだ。

第13章　トレードと人生の視野を失う
LOSING SIGHT OF TRADING AND LIFE

トレードを職業として選ぶ人々は、もともとビジネスでも人生でも情熱的であり、リスクを取ることをいとわない。しかし、夢が日々の習慣、あるいは先の読める形式的なものになってしまったとき、何が起こるだろうか？　自分のなかに古い自分をよみがえらせ、自分のトレードと生活を邪魔しようとする部分がないだろうか？　自分の関心と情熱を持続させるため、積極的に何ができるだろうか？

トレーダー誕生

まず、トレーダーになるという夢が自由、独立、興奮、機会という虚飾を伴って生まれる。そして、トレーダーになる過程が始まる。長期間かかわれる人の多くは、夢がもたらす勢いに乗り、発達と成長の時期を同じ情熱でやり抜く。この困難な道程を乗り切り、困難を克服した者が夢を実現する。
トレーダーとして自分の努力の成果を味わうことになる。ところが、どこか道の途中でトレードが退屈になってしまうこともあるのだ。

自分のトレード

それは、初恋のような情熱をもって始まる。あなたは一日一五時間、二年をかけて最初の売買システムを構築する。骨折りと試行錯誤の末、売買システムはすばらしく実用的なマシンの水準にまで洗練される。一〇年間というもの、そのシステムで成功を収めてきた……。まず情熱、次に献身、そして退屈と単調を根性だけで乗り切って……。

今やトレード以外のことなら何でもやりたい気分だ。今日の午後は、気晴らしにマイアミでプール掃除をするのもよいかもしれない。

運命の人に出会う

あなたは運命の人に出会う。新しい翼で飛んでいるような気分になる。あなたの頭はこのすばらしい人のことでいっぱいになり、まさに有頂天だ。

その人と結婚して三年が経ち、あなたは月並みの生活を送っている。もちろんそれは良い意味での月並みだが、発見と情熱の新鮮さはなくなってしまった。そのうち月並みはマンネリとなり、悪いことはすべて、かつてあなたにとって完璧さを象徴していた人のせいにしてしまうようになる。

子供たち

最初の子供が誕生し、あなたは畏敬の念に打たれる。しかし三番目の子が生まれるころには、あなたの感激はこうなっている。「ああ参ったな。また今晩も眠れないのか」

子供たちに対して抱いていた情熱は、休養し、うるささから逃れることへの執心にとって代わる。その間に教育費をどうやってはじき出すか思案する始末である。

趣味

テニスがあなたの人生の情熱になる。次回の全仏オープンとウィンブルドン選手権大会が待ち遠しくてならない。テニスの個人コーチを雇っているし、週五回はプレーをしている。

ところが、次第にテニスへの情熱は薄れ、新しい趣味が欲しくなってしまった。

健康

ある日、あなたは友人と地元のゴールルズ・ジムで運動することの楽しさを知ってしまった。年月が流れ、今や自称健康オタクとなったあなたは、サプリメントを摂り、健康的な習慣に没頭し、健康関連の本を片っ端から読んでいる。

ところがある日、あなたはマクドナルドで、ビッグマックとフライドポテトのスーパーサイズ、それにストロベリー・シェイクを平らげてしまう。あなたは正式に、自分の健康のための摂生規則に飽きてしまったのだった。

ルーティン

良いルーティンというのは、諸刃の剣である。良いルーティンを確立していないと、短い間にたくさんのことをやりこなすのは非常に難しい。ルーティンがないと、あなたは同じことをするのに、いちいち分かりきったことをやり直さなければならない。この状況が長引けば、それ自体が必然的にルーティンとなる。

車の運転のように、ほかのことを達成するために、無意識で自動的に行わなくてはならないことがある。郵便を開封し、仕分けし、対応するルーティンができていれば、そのあいだ電話に答えて重要な交渉をすることもできる。こういったことは、自分の日課をこなすのにとても役に立つ。

問題は、いつも目にしている物は何でも、そのうちに目に入らなくなってしまうということだ。この条件づけは、いつも嗅いでいるにおいがにおわなくなったり、いつも聞いている音が聞こえなくなったりするのと似ている。生活のなかで大切なことなのに、ルーティンになってしまうと、それに気づかなくなるのだ。それはありふれたことになってしまい、人は情熱を失ってしまいがちなのである。

重要なことへの情熱を失わないためには、定期的に考案し直す必要がある。

頭隠すブル

ヨークシャー生まれの詩人で「フォーチュン500」のコンサルタントでもあるデビッド・ホワイトは、若いころクストー（編注　フランスの海洋・海中探検家）の後を追うという大きな野心に駆られ、自然主義者になった。数年にわたる学問研究と情熱を味方に、彼はガラパゴス諸島へ赴き、夢の実現に取りかかった。

しかし、彼はその夢の諸島を離れ、自分を再発見して、人生の次の段階へと進んでいったのである。その理由は、彼自身の言葉を借りればこうだ。

「すべての路は、それをどんなに熱心にたどろうと、マンネリと倦怠につながってしまう……私たちの名高い島でさえ、金の檻に見えてくることがある……人生のある時期に私たちをかくまい守った壁は、私たちがその内に長く留まるほどに、牢獄と化す」

トレーダーのための改革

秘訣は、倦怠感が膨らんで何もかも投げ出したくなる前に、いかに自分とトレードを作り直し、楽しみ続けるかということだ。

1　改革の第一のステップは、ただ単にチャレンジを認識することだ。退屈のタネと、ポジティブな変化を起こす必要性を認めるのである。あまりにも長引くようなら、自分がすでに退屈して、刺激のない生活をしていることを認めたほうがよい。

2　次のステップは、必要な変化を起こすための余裕と自由を自分に与えることだ。実行する前に、創造的になり、変化を起こしてもよい状態にしておかなくてはならない。そのためには、新しいステップに進むたびに自分に報奨を与えるとよい。例えば、お気に入りのレストランに行き、いつもと同じものを頼もうとしているなら、違う料理を注文して、声に出して祝うのだ。時間をかけて新しい味覚を味わい、楽しもう。より高いレベルを求め続けるのだ。

3　第三のステップは、生活環境に創造的な変化をもたらすことだ。オフィス、寝室、居間の家具を配置替えしたのはいつだっただろうか？　壁に新しい絵を一枚かけるだけで、部屋の雰囲気ががらりと変わる。小さな変化のほうが、全体を変えるよりも効果的なことが多い。なぜなら、小さな変化は大きな問題を起こすことなく、大きな報酬をもたらすからだ。

4　普段口に出しては言わないような質問を自分に問いかけてみよう。例えば、「このビジネスをもっと面白くするにはどうしたらよいか？」「もし結果が問題にならず、簡単に取り消せるとしたら、現在不安でできずにいるトレードをどうしたいか？」「やりたいことは何か、仕事や生活にそれをどう組み込むことができるか？」など。

5　時間をとって、楽しく創意に富んだ映画、SF映画、または『シックス・センス』のように、奇想天外であなたの人生観に挑むような映画を見よう。科学、歴史、犯罪推理など、あなたが普段読まないテーマについて読んでみよう。このエクササイズの目的は、自分の周りを新たな目で見て、思考の枠組みを変えることである。

結論

自分のトレードを再考し、再び活力を注ぎ込むプロセスを経ることで、現場に踏み止まり、過程を楽しみ、成功の水準を上げられるようになる。前出のデビッド・ホワイトはこう語る。

「往々にして、私たちは生き延びるため、自分にふさわしい生き方に立ち戻るために、生活を崩さなくてはならない。作り、崩し、再び作るサイクルこそが、創造的で意義ある仕事の特質なのだ」

第14章　中年のトレード
MIDLIFE TRADING

ジャックが中年の危機に直面したとき、彼のトレードはピナ・コラーダのカクテルについてくる紙のパラソルのようにすぼんでしまった。一〇年にわたるトレーダー生活で、ありとあらゆる細目と不測の事態を考え出しときながら、中年に差しかかったときに受けた精神的打撃に、彼は全く対応できなかったのである。

彼はトレーダーとしてとても成功していた。真の相場の天才だったのだ。ところが突然、何がどうなったのかも分からないうちに、彼はトレードができなくなってしまった。いったい何が起こったのだろうか？

時間切れが迫っている

ジャックの場合、きっかけは彼の母親の死だった。ジャックは母親をとても愛しており、彼に最高の教育を受けさせるために母親が犠牲にしたすべてのことに対して、深い感謝の念を抱いていた。ところが、実際に一緒に過ごした時間はわずかだった。事実、トレードでビジネスを築きながら幼い家族を育てていた過去一〇年間、母親には年に三回、大きな祝日にしか会わなかったのだ。

毎週土曜の朝、ジャックの母親は律儀に長距離電話をかけてきて、彼と孫たちの様子を尋ねた。ところが母親と話す時間も惜しいほど忙しかったジャックは、妻と子供たちを代わりに電話に出した。なお悪いことに、彼はここ二年というもの、母親の誕生日を忘れていたのだった。幸い、妻がギリギリに思い出して、母親の家に花束を送ってくれていた。

当然ながら、ジャックのど忘れの対象は、父親やほかの家族にも及んでいた。ジャックの心のなかでは、子供時代の記憶のまま、両親は丈夫で自立し、永遠に若い姿を保っていた。彼自身がまだ壮健なのだから、両親が老いたり、よぼよぼになったりするわけがなかった。彼がそう望んでいたのだから、彼らはずっとそのままでいるはずだった。

しかし、ジャックが中年に差しかかると、それに伴い両親も老いていった。ジャックの母親の時間は尽きてしまい、時間が刻々と過ぎていくという自覚は、ジャックをひどく打ちのめしたのである。

時のサイン

時間が尽きかけていることを示すサインは他にもあり、それは文字どおり、トレーダーの心をくじいている。

エドにとって、それは立会場でトレードをしている最中にひざが立たなくなったときだった。彼は倒れたが、仲間のトレーダーたちは、彼が立っていた場所に殺到したのである。エドは立ち上がることもできずに放置された。後ほど、妻が五万ドルのSUV（スポーツ・ユティリティー・ビークル）で、シカゴ郊外の邸宅へ送り届けてくれたとき、エドは数年前なら、自分が全く同じことを仲間にしていただろうと思った。

主治医はエドに、ひざを手術しなければならず、回復期間とリハビリが必要なことを伝えた。エドには大きなショックだった。これまで、病気もけがもしたことがなかったのだ。彼は、身体の問題や限界は年寄りの身に起きることで、自分には無縁だと思っていた。それなのに突然、彼はその範疇に入ってしまったのだ。

けがのせいで、エドは立会場でのトレードから数カ月間離れることを余儀なくされた。その後、復帰しても、彼のトレードは二度と同じ水準に戻ることはなかった。

指の間からこぼれ落ちていく

レックスの場合、中年の危機は全く別の形で訪れた。ある朝、彼が目覚めてみると、一晩にして髪の生え際が後退し、腹が膨張してしまったように思えたのだ。どうして今まで気づかなかったのだろう？

同じ朝、彼は妻が前より太って、髪も染めているのに気がついた。以前は彼を魅了してやまなかった彼女の言葉が、今はひどく陳腐に聞こえる。しかも子供たちが、言葉ともつかない不平と要求をわめきながら、がやがやとテーブルにやってきた。

「いったい、どこの地獄からやってきたのだこいつらは？」

ふいに、レックスは自問していた。

「これがオレの人生のすべてなのか？」

そしてほどなく、レックスはスポーツカーを乗り回し、ジムで体を鍛え、地元のトレーダーのたまり場で出会ったヘザーという若い娘と遊び回るようになっていた。

やがて彼は、家族のみならず、トレードでの切れ味の良さまでも失ってしまった。

人生って何だ？

非凡な為替トレーダーであるアーサーの場合、中年の危機は、日課を普段と同じようにこなしている最中に訪れた。彼は郵便を確かめ、請求書を処理し、一週間の予定を組み、買いポジションを更新するために数字をチェックしていた。すると、長いこと話をしていない友人から、電話がかかってきた。友人のマイクだ。彼は二〇年続けたエンジニアの仕事を辞め、神学校に入るのだと言って興奮していた。

誰あろうことか、マイクに神の声がかかるとは！　アーサーは仰天してしまった。「それで、君のほうは最近、何しているの？」。マイクは聞いてきた。その瞬間、アーサーの人生は、がらがらと音を立てて崩れた。実は、彼にはその答えがもはや分からなかったのだ。

それから数週間、アーサーはまだあの質問に執着していた。彼は、自分の洗練された整った生活を見回して、そのどこに魅力を感じたのか思い出せずにいた。彼の人生の意味は何だったのか？　アーサーはセラピストにかかり、何年も足が遠のいていた教会に通い、聖書や哲学、宗教や信仰に関する本を読みはじめた。

一方、彼の妻はパニックに陥りはじめていた。いったいアーサーに何が起きたのだろうか？　精神衰弱にでもかかってしまったのか？　彼がトレードを完全にやめてしまったことで一家は財産を失うことになるのではないだろうか？

何が起きているか？

中年に差しかかるまで、私たちは時間にかぎりがあるという考えに何の備えもない。つまり、急いで自分なりに意義ある生き方を模索しないと、人生が細かいメンテ作業の連続になってしまうという衝撃的真実に突如として直面するわけだ。

トレーダーが、自分にとって本当に大切なものは何か、じっくり考えたことがないと……中年の危機の嵐にもまれる危険度は増す。例えば、ジャックの母親が他界したとき、彼はその喪失によって打撃を受けた。

彼はまた、罪の意識と恐怖に圧倒されてしまった。もしジャックが自分の人生の大切なことにもっと注意を向けていれば、母親が長らく患っており、疲れやすく、か弱くなってしまったことに気がついたはずだ。そして、彼女が自分と共に年を取っていくことに気がついただろう。さらに、母親の時間が矢のように過ぎ去っていくので、自分は母と一緒に過ごす必要があると思ったはずだ。

そうすれば母親の死は、もちろんつらいことに変わりはないが、ジャックを打ちのめしはしなかっただろう。彼は仕事に慰めを見いだし、トレードを続けていたに違いない。

エドの場合、ピットのトレーダーは丈夫な体が命である。もしエドが、人生で何が大切かに注意を向けていたら、毎日脚に大きな負担をかけていることに気がついたはずだ。そして、身体を鍛え、健康に良いものを食べるために時間を使っただろう。その結果、当時よりずっと調子が良くなっていたはずだ。

実際、エドは何年もの間、頭痛に悩まされていたのだ。彼の場合、体が発しているシグナルに対処する方法は、痛みを抑えるためにさらに強力な頭痛薬を服用することだった。老いを感じる代わりに、エドはまだ若々しく活発でいられたかもしれない。そして、トレードも続けていたことだろう。

レックスの場合はどうだろうか？　彼はなぜ、自分が年をとっていくことに気づかなかったのだろうか？　いったいどこを見ていたのか？　レックスは、あまりにもトレード成績に執着していたので、そのしわ寄せにはまるで気づかなかったのだ。

ジャック同様、レックスは仕事のために家族をないがしろにしていた。しかし、ジャックと違って、レックスは警告を受けるのが遅すぎた。そして彼は自分の家族を

40歳の誕生日を祝うブル

一時的に若い気持ちになれるライフスタイルとトレードしてしまったのだ。

この作戦の問題は、それがたいてい裏目に出ることである。若くてピチピチした新しいお相手は、要求が多く、ありがたみを分からないことが多い。レックスの場合、彼の新しいガールフレンドは、まもなくもっとすてきなパトロンの元へと走っていってしまった。

レックスの妻と子供たちは彼の行動にひどく驚き、傷ついており、彼は昔の家ではもはや歓迎されなかった。こうして彼の中年の危機は、悪夢に変わってしまったのである。

レックスは、生産的な時期の前半、自分を好きになるよう努力して過ごした。彼の自尊心の主な源は、トレードでいくら稼ぎ出すかであった。ところが突然、彼は自分がいくつに見え、どれほど人に認めてもらえるかということも、自己評価には大切だと気づいたのである。時間の砂がどんどん落ちていく事実に目覚めたのだ。しかし、自分にとって意義ある生き方が何なのかを深く探る努力はしなかった。

一方、アーサーは意義ある生き方が何だか分からないという自覚から、中年の危機に突入した。その結果、彼はそれを探るために一時休業しなければならなくなった。その意味で、アーサーはここに挙げられたほかのトレーダーよりもかなりマシである。自分にとって何が大切か分かってきたとき、アーサーは、そのほとんどをすでに手に入れていることに気がついたからだ。彼には結束が固く愛情深い家族があり、誇りをもてる仕事も好調で、地域社会にも貢献していた。彼に足りなかったのは、精神的に豊かな生活だったのだ。

いったんそれを見つけると、アーサーはトレードに戻ることができ、妻をほっとさせた。実際、アーサーのトレードの調子は以前よりもずっと良くなったのだ。

きざしを見つける

トレーダーが人生の中間地点に差しかかる前に、まずしなければならないことがある。それは、よく注意して変化のきざしを探すことだ。私たちの脳は、生存のために環境のほんの小さな変化でも感知できるようプログラムされている。それを無視するのは、危険を冒すということだ。

中年のトレード危機を回避する第二の方法は、心身の健康を心がけ、一番重要な人間関係を大切にすることだ。配偶者、子供たち、両親、近しい友人たちと過ごす時間が短くなっているとすれば、ある日目覚めてみると皆永久にいなくなっており、本当は心にかけていたことを伝えるチャンスを失ってしまった、という事態になりかねない。

第三のステップは、自分にとって大事なものは何か見極めることだ。目標は何か？　どんな人生を送りたいと思っているか？　この大地から去るとき、どのような財産を残したいか？　自分の人生のなかで、最も意義あるものは何か？　重要なのは、これを書き出しておくことだ。紙の上に書かれた事柄は、心のなかでさらに強化されるのだ。

第四のステップは、感情と精神面での要求をそれが手に負えなくなる前に満たすことだ。あまりにも多くのトレーダーが、最も深層にある欲求は無視していれば済むと思い、大金を稼ぐことで精神的な痛みを補おうとしている。しかし、いずれは報いを受けることになる。

結論

中年のトレード危機に対処する最善の方法は、危機にさらされないことである。そうするには、心の準備が必要だ。意義ある生き方とは何かを見つめる努力をしていれば、日々の細々したことにとらわれ、ある日目覚めてみると時間が過ぎていた、ということにはならない。

すばらしいことに、いったん自分の優先事項を決めておけば、時間の流れは引き続きトレードにも私生活にも報いをもたらしてくれ続けるのだ。

第4部 トレードを改善する戦略

Strategies for Improving your Trading

第15章　より良いアンカーを作る
CREATING BETTER ANCHORS

「なぜ、あなたは今のようなトレードをして、今のような結果を収めているのか?」

こう質問されたとき、あなたは自分の意思決定の理由を論理的に説明しようとするのではないか。独自の手法から発せられる売買シグナル、相場での長年のトレーニング、カンの働き、そして苦労して作り上げた規律など……。

しかし、この大きな質問の答えは、理性的かつ意識的な決定や行動では説明のつかないことが多い。私たちの行動のほとんどは、意識的なコマンドに従うよりも、無意識の動機や連想（アソシエーション）、さらに自分ではまったく意識していないシグナルに反応しているものなのだ。

かつて「私たち人類は脳の潜在能力のほんの一部分しか使っていない」という記事が、新聞雑誌によく掲載されたものである。ということは、未使用と思われる脳の残りの部分は、やり方さえ判明すれば使い放題ということらしい。この潜在能力を思いどおりにできれば、どんな才能も成功も、思いのままではないか！

連想する

しかし、近年の研究によると、その「未使用の能力」の大部分は連想の機能に割り当てられているらしいと分かってきた。つまり実際のところ、私たちはこの未使用部分をちゃんと使っていたわけだ。

ある事柄をほかの事柄と結びつけているのがここである。何かを目にすると、別のあることを思い出す。こういったことは、丸一日、四六時中起きている。私たちは、五感に触れるあらゆるものを保管ファイルにしまい込み、あるさまざまな物事と関連づけているのである。

一つのことをほかのものと関連づける連想能力は、あるものがどういったものかをすみやかに判断することで、それに対応するのに必要な時間を節約している。また、これは生まれつきの生存メカニズムである。何も連想させないものに出会ったとき、それは思いがけない体験として、興奮や警戒心を呼び起こす。何かをただちに分類することができれば、戦うべきか、逃げ出すべきかがすぐに判断できる。

例えば、ストーブの火口が真っ赤になっているのを見れば、子供のころ母親が叫んでいた声を連想するかもしれない。

「ストーブから離れなさい！　やけどするでしょう！」

もしかすると、母親の言いつけを守らなかったためにひどいやけどをして、夏中、友達と野球をする代わりに包帯を巻いていた記憶と結びつけられるかもしれない。

アンカーを作る

さて、真っ赤なストーブを見ると、私たちは直ちに二つの反応を示す。まず、熱い燃焼部から遠ざかる。次に、恐怖と痛みを感じる。肉体的と精神的なこれら二通りの反応は、かつて「精神のゴミ箱」と思われていた脳の巨大な記憶バンクに触れて起きた連想なのだ。

こういった連想は一瞬のうちに、しかも自動的に行われる。そのため漠然と不安になる以外、自分では気づいていないことが多い。

あの赤いストーブは、意味をもつものになった。それは「アンカー」になったのだ。

それを目にするたびに、私たちは意識を一連の反応と連想につなぎとめるのである。続けて間違いが起きないかぎり、そのアンカーに疑問を抱くことはない。

例えば、赤いストーブに対して連想するのが痛みや恐れではなく喜びだとしたら、地元病院のやけど専門病棟の常連になってしまうだろう。どうしたらそんなことが起るのか？　やけどの治療のために夏を無駄にしてしまう代わりに、学校を休んだ。代わりに家でテレビを見て、アイスクリームを食べ、母親に甘やかされ、みんなにちやほやされ、王子様気分にさせてもらった。そうなれば、赤熱のストーブに違う気持ちを抱くかもしれない。

多くのアンカーは、このように痛みを伴うわけではない。アンカーのなかにはとてもポジティブな連想もあり、ポジティブな行動や感情を呼び起こす。ポジティブなアンカーとは、例えば「自分にとって特別なデスクチェアにかけてスタンドを点灯するとそのたびに人生がすべてうまくいっているという安心感に満たされる」などだ。そのときどんな問題が起きようと、あなたは落ち着いて、成熟したうまい方法で対処できるだろう。この種のアンカーは、生活の支えとなり、歓迎できる。

トレードとアンカー

トレードのなかでどのようなアンカーを作ってきたか分かれば、自分の行動や反応が理解でき、成績も納得がいく。ある種のシグナルに、なぜ決まった反応を示すのかが見えてくる。それらのアンカーがポジティブであれば、先へ進むことができる。逆に、恐怖、疑心暗鬼、無力感、欲を生ずるものであれば、まったく違った方向へ向かってしまう。

神経言語プログラミング（ＮＬＰ）は、人生でのアンカーの役割を研究するための最良ツールの一つである。ＮＬＰのトレーニングを積んだコーチとして、トレーダーが助けを求めてきたときに私が最初にすることは、その人の「ポジティブなアンカー」「ネガティブなアンカー」を発見することだ。

最近顧客になったダンは、高くつくアンカーをこしらえていた。彼は、ある種のシグナルにしたがって多額の損失を被っていた。彼がこの間に感じた恐怖と苦痛は、消えない傷として残り、その結果、このシグナルでトレードができなくなってしまったのである。

このシグナルを見るたびに、ダンはそれが真っ赤に燃えるストーブでもあるかのような反応を示した。このアンカーは非常に強力で、どうすればよいかが分かっていても自分でそれを解除できなかった。これがさらなる大損につながり、アンカーはさらに深く根を下ろしてしまったのである。

問題を確認してしまえば、次はそのネガティブな連想を断ち切ることだ。私たちはこのシグナルをもはや恐れずに済むよう、新たな利益と結びつけるようにした。その結果、ダンは再びトレードで利益を上げられるようになったのである。

足を引っぱるアンカーを探ると同時に、前進を助けるアンカーも認識しておいたほうがよい。昨年、私は大きな利益を上げ、非常に成功しているトレーダーと仕事をした。彼はさらに上の水準に上りたいと考えていた。

その方法は、彼をこれまで成功へと導いてきたものを見つけることだった。私たちは、どのアンカーが成功の連想と好結果に結びついているかを識別し、それを使うことに集中した。そのおかげで、彼は一年でかなりの増収を達成したのである。

アンカーを認識する

トレードに役立つアンカーを作るには、まず自分が現在、どんなアンカーを持っているか知ることだ。それにはこれから紹介するエクササイズが役に立つだろう。このエクササイズでは、トレードをするたびに、自分に何が起きるかを知る必要がある。自分がとる手順に注意を払い、各々のステップで感じることを確かめる。プロセスがスムーズで易しく、ためらいがなく、仕掛けるタイミングが安定しているならば、そのまま続ければよい。しかしもし、多くのトレーダーと同様に、仕掛けるときに恐怖や優柔不断と闘わなければならないとしたら、その瞬間に自分がしていることをすべて心に留め、ほかの選択ができるようにするのだ。

より良い、または違う選択をするために何をするかを話し合う前に、この段階に至るための基礎作りが必要だ。まず、そのとおりにすれば良い結果が出せる売買システムか売買手法がなくてはならない。これがない場合は、最初のマス目に戻って、ビジネス計画を練り直すか、新しく作ることだ。何らかの検証から、利益が上げられるという自信をつけておくことだ。

ところで、あなたが本書を読み続けているのは、自分を成功から遠ざけている唯一のものが、損失やその他の心理的問題から生じた、古いネガティブなアンカーだからではないだろうか。

本章のテーマは、すべての心理的問題の対処法ではない。自分を古いパターンに閉

ドル型アンカーを投錨するブル

じ込めてしまうアンカーを変えたり、作り直したりすることにある。

エクササイズ

1　トレード前やその最中に、どのような行動をとっているか確認する。例えば、椅子にかけているか？　立っているか？　顔がスクリーンから三〇センチ以内にあるか？　電話をかけているか？　それとも電話に出ているか？　何をしているだろうか？

2　トレードをするための戦略は何か？　シグナルを見て、馴染みのあるものと分かり、安心してトレードするのか？　頭のなかでネガティブな声が聞こえて、仕掛けるのが遅れてしまうのか？　それとも、まったく手を出さないのか？　戦略は、それを実行している者にとって、得てして認識しづらいものだ。しかし、気持ちを集中して自問すれば、少なくとも障害がどこにあるかは見えてくるはずだ。次は何をするか？　次は何を考えるか？　次は何を感じるか？

3 アンカーが作られるのは、自分に投げかけられた言葉や、頭に浮かべたネガティブなイメージのせいだったりすることがよくある。従って、自分に向ける言葉や、それが描くイメージ、それに伴う行動に気を使う必要がある。

ポジティブなアンカーを作る

いったんネガティブなアンカーをつきとめたら、次のステップは、そのアンカーを作ったセンスメモリー（感覚の記憶）を変えることだ。

次に挙げるのは、あるトレーダーがネガティブなアンカーに遭遇したとき、何が起きるかを記述したものだ。

- 普通、その声は一日の終わりごろ、トレードが低調だったり、疲れていたりするときに聞こえてくる。
- 私はチャートを見ていて、コンピューターは好機を告げている。
- 私は椅子にかけ、前屈みになっている。
- 頭のなかの声は慎重で声高、早口だ。それは父の声だ。

●その声は言う。「間違っていたらどうする、しくじったらどうする」
●腹に、もやもやした恐怖がわだかまっている。

この記述を用いて、次はネガティブなアンカーを変える方法の例を挙げる。

●ピークパフォーマンス（絶好調）の状態でないかぎりトレードをしない、というルールを設ける。
●このアンカーが勝ちの動きを阻もうとするときを具体的なシナリオで思い浮かべる。
●ピークパフォーマンスの状態を思い起こし、どこでその感覚を再現しているか意識する。その感覚をひと言で表してみる。例えば「自信」など。
●コンピューターがシグナルを出しているとき、頭のなかで立ち上がったり、姿勢を変えたり、帽子をかぶったりするところを想像する。
●声が聞こえはじめたら、ミッキーマウスのような声に変えてみる。そして言う「取り消し、取り消し」
●言葉と声を変えて言う。「自分のルールに従えば利益になる」

- 「自信」と唱えることで、ピークパフォーマンス状態を再燃させる。
- 首尾よくトレードを行う自分を想像する。
- 自動的にできるようになるまで、これを頭のなかで何度も繰り返す。

結論

トレーダーはそれぞれ、トレード中に知らず知らずアンカーを作り出している。なかにはポジティブなものもあれば、ネガティブなものもある。これらのアンカーは強力で、トレーダーの行動や結果を無意識に誘導している。

しかし、いったん自分の持つアンカーを認識し、新しくより良いアンカーを作るステップを学べば、有益なアンカーを作り、選ぶ能力を身につけることができる。これらの新たなアンカーは、日常生活のなかでの刺激を成功への力となる行動や感覚に結びつけるのである。

第16章　知能を使う
USING YOUR INTELLIGENCE

あなたは大金持ちになる知能の持ち主か？

この質問に答える前に、あなたは並外れた人生を送るのにふさわしい知能の持ち主かどうか考えるべきだ。

長年、世のなかは一種類の知能しか存在しないという過った通念を受け入れてきた。私たちは子供のころ、人生で成功する個々の能力を予測するため、標準ＩＱテストによって分類された。残念なことに、多くの人々が知能についての限られた考え方を受け入れ、できると言われた以上の可能性を求めようとしなかった。

しかし、さまざまな事例や、長期的な研究の示すところでは、クラスで一番頭の良い子が一番金持ちになるとか、幸せに暮らしているというわけではないようだ。学究の世界でさえ成功を約束するわけではないことから、人々はＩＱテストの価値に疑問を抱きはじめている。成功になくてはならないのは、違うタイプの知能だということが明かになってきたのである。

異なる「タイプ」の知能

1　直線形知能

ＩＱテストで測定できる知能がこれだ。数字や言葉で筋道立った解答を引き出す。論理的で直線的な思考である。直線的な思考は、論理的な結論を導くため、与えられ、記憶している情報をよりどころとする。

この種の知能は、書物の内容を理解し、自分の職業にふさわしい情報に置き換えることを必要とする人々には不可決だ。会計士、弁護士や医師などの職業では、資格試験を通り、実践的な知識と技術を会得するために、この種の知能を必要とする。

2　世渡り術

私たちはみな、他人よりも世渡りのうまい人を知っている。この種の知恵や知能は、危機的な状況を切り抜けるのに欠かせない。ところが「知能が高い」といわれる者は、得てして現実社会の街道で、生き残りをかけた問題に素早く対応できず、途方に暮れてしまう。世渡りに役立つ情報の出所は定かでなく、ものごとの結論も、論理や筋道を通して得られるわけではないからだ。

この種の知能は、その時点で得られるすべてのヒントの相乗作用的な理解と認識をもとに、秒単位の決定を下さなければならない仕事に必要である。得てして状況のリスクは大きく、時間は少ない。戦闘機パイロット、外科医、法廷弁護士、フロアトレーダー、交渉人、警察官などはみな、瞬時の判断を要求される。この手の知能は直線形知能に基づくことが多い。しかし、学んだ論理よりも経験がものをいう。

3 知恵

この種の知能は、自らが選んだ分野でノルマを超越し、マスターとなる人々に欠かせない深い見識である。このなかには、普遍的思想に見られる知識も含まれている。見識家として知られる人には、予言者(占い師)、精神感応者、発明家、ユダヤ教のラビ、芸術家、哲学者、祖父母などがある。個人の知恵以上の英知をつなげていくことで得られる知能である。

4　感情的知能

社会的な空気の読めない人、人間関係を築くのがへたな人、また自分の感情をコントロールできない人は、感情的な知能を欠いている。感情的知能に優れた人は、サービス業者、事業家、管理職などに向いている。

この種の知能は、成功するために高いレベルの規律を必要とする人には不可決である。感情的知能は、精神生活、社会生活を管理する能力を供給し、目標を定めて達成するのを助ける。それに加え、新たなレベルの成功の要となる人々から支援を得ることも可能にする。

5　機械的・空間的知能

優秀なメカニックに自分の自動車の修理を任せたことがないだろうか？　つまり、機械にかけては天才肌の誰かに。

この種の知能をもつ人は、物がどうやって動くかを理解したり、物事を空間的に把握したりすることができる。ただし、必ずしも数字や知性と関係があるわけではない。

マイケル・ジョーダンのような偉大なアスリートは、このカテゴリーに入る。ジャンプの高さや、息をのむようなシュートの距離を判断するのは、トレーニングや優れた身体能力だけでできることではない。このタイプの知能は、コンピューターをフルに使いこなすのに欠かせない。仕事で旅行する人にも役に立つ能力だ。空間的知能を欠いていると、新しい土地での旅は混乱や時間の浪費を招きやすいからだ。

6　創造的・芸術的知能

芸術家、音楽家、その他あらゆるクリエイティブな人々は、細やかな感覚で情報をつなげ、高め、組み直す。クリエイティブな人々は、直線的で組織化された世界観の先を見る能力を備えている。

この種の知能を備えた人は、ほかの人が見逃しやすいところにチャンスを見いだすことができる。どのような職種であれ、習熟するには創造力と論理性が必要である。

大成功を果たした人は、どの知能を備えているのか？

ある事業で本当に大成するには、一種類の知能だけあってもだめである。ほとんどの人が一つか二つの知能に頼っているが、人の上に立つには、全部を少しずつとは言わないまでも、数種類の知能を組み合わせたものが必要になる。

新たな傾向の知能を発達させれば、利益を上げ、より良い生活を楽しむ力が増す。自分の知能に新たな局面を加えることで、自信が高まり、最善の選択をするための洞察力が養われるのだ。

知能を発達させ、伸ばす

いろいろな形の知能があることが分かったところで、あなたはこう言うかもしれない。

「結構。だけど、どうしろっていうんだ？ 自分のIQは決まっている。感情指数（EQ）のほうは、低すぎて犬ころさえ寄ってこない。自分には創造的知能なんてない。自分の世渡り術では、五歳児とけんかしたって勝てそうにない。機械オンチで空間オンチだし、知恵にも見放されたよ」

問題はつまり「いろいろな形の知能を発達させ、伸ばす方法はあるか？」である。答えは、もちろん「イエス」だ。努力を怠りさえしなければ、知能を伸ばす方法はいくらでもある。これは、あなたがいきなり機械の天才と化したり、社交界を騒然とさせたりするということではない。しかし私は、人がかつては日々の活動に完全に欠けていた知能を発達させるのを手伝い、またその様を見てきた。

どの場合でも、この見事な変身に要したのは、目標への熱意と、困難なことをしようという意志である。

異なる種類の知能とは、ほとんど使われない弱い筋肉に似ている。成果が出るまでに大変な努力を強いられるからだ。多くの人にとって、その分野に才能があるわけでもなく、新しい技を伸ばすことは不快感、失敗、遅々とした進展、わずかな見返りを意味するだけなので、努力する価値があるとは思えなかったのだ。

異なる種類の知能は、存在はするが眠っていることもある。知能を新たに発達させているように見えても、実は隠れた才能を育てているだけなのだ。たとえ潜在能力がわずかでも、その能力を伸ばしたり最大限まで引き出したりすることができるのである。

ステップ1

自分のなかで、欠けていると思われる知能を認識する。そして現在の能力レベルを自己評価する。

ステップ2

この過程では、自分にこの分野で確かに潜在能力が「ある」、そして本気で努力すれば進歩する、という信念をもって臨まなくてはならない。創造的で、社交術に長け、賢く、機転が利き、機械と空間に強い自分を思い描く。

ステップ3

批判的になることなく、その分野でどうふるまうかを意識する。これはとても重要なステップである。自分自身を観察し、ネガティブな感情と内省で自分を抑えてしまうことなく、短所を直していくことができるようになるからだ。

ステップ4

あなたが伸ばしたいと思う知能を体現している人を誰か見つけ、その人物から学ぶ。彼らの信念、価値観、決断、態度に耳を傾け、その人の思考体系を知る。これまでにどんな教訓を得てきたか尋ねてみる。

ステップ5
指導員、教師、メンターを得て、個人指導と意見を求める。

独学で知能向上

教養

何を得るか意識しながらノンフィクションやハウツー本(またはオーディオブック)を読んだり聴いたりする。重要な部分には線を引き、誰かに教えるつもりで学ぶ。歴史、哲学、文学、科学の講座を受講してみよう。学ぶことに集中するため、評価のつかないコースにすること。教科に熱意と自信をもって臨みたい。

世渡り術

世渡り術は、情報、経験、戦術、そして人とのかかわりが決め手となる。課題や仕事は、すみずみまで覚えよう。

例えば、もし自分が営業マンなら、売っている物はもちろん、ライバル社の製品も実際に使ってみる。会社社長なら、郵便室まで下りていって、会社の機能を助けてい

トレーダー知能テストを受けるブル

る作業を学ぶ。その目的は、作業内容を知るだけではなく、そこで働く人々と交わることにある。

世渡り術では、相手や行動にかかわらず、自分のもち札で勝負ができる。世渡りの達人になる最良の方法の一つは、ポーカーで勝つコツを覚えることである。

知恵

瞑想を習うとよい。外からの刺激を受けないよう、しばらく一人の時間を設ける。自分の内面に向き合って答えを探し、何の懸念もなく浮かんできた答えを信じる。

感情的

ほとんどの人は、孤立した状態で感情的知能を得ることはできない。建設的で支えになるようなフィードバックをもたらす経験が必要だ。

例えば、営業の講習を受ける、トーストマスターズ・クラブ、地元の演劇サークル、支援団体、集団療法クラスなどに参加してみる。育児の講習会や、子供や大人と活動するボランティア活動に加わるのもよい。

機械・空間的

立体パズルを解く。小さな機械を分解して組み立て直す。自動車修理の講座を受講する。普段なら便利屋に頼む家の修繕に取り組む。地図をじっくり研究してみる。旅行ではナビゲーター役を買って出る。

創造的

芸術の講習や音楽のレッスンを受けたり、物語を書いて誰かに添削してもらったりする。物語がうまくつながるまで、何度も書き直す。美術館を見学し、クラシックに耳を傾ける。

結論

人生のどんな局面でも、実践と自信がなければ技術が習得できないのと同じように、時間と努力を注がなければ未発達の知能を伸ばすことはできない。自分が進歩するに従って自分に報いがある。頭脳はこの見返りに反応し、さらに報いられるようにがんばるだろう。

ある分野の知能がなかなか伸びないことも往々にしてあるだろう。それは左利きの子供が右利きに矯正されるように、特別な学習を必要とするためである。いったん失敗すると、後に再び挑戦するのを拒んでしまう。これらのステップを踏むことで、あなたの知能の枠は広がり、その結果は、まもなく良い生活を送る基礎部分に表れてくるだろう。そしてもちろん、さらに裕福になる能力も身につけることになる。

第17章 成功の代価を支払う

PAYING THE PRICE FOR SUCCESS

人は誰しも成功裏に人生を送るべく、自分の持つエネルギーや能力に加えて、それをさらに増大させる、あるいはその足かせとなるやもしれないリソース（資質）を持ってこの世に生まれる。その人が成長するにしたがって、その個人的なリソースにさらに何かを加えたり、そこから何かを切り落としたりするわけである。

エドは非凡な才能と、創造性、そして健康に恵まれた人間だった。そうした天性の素質に加えて、彼は自分に好きなことをやらせ、彼が持てる能力を最大に発揮すべく励ますような、愛情深く、協力的な家族によって養育された。

エドがトレーダーになろうと決心したとき、障害は何もなく、彼が成功するために支払わなければならない代償は、ほとんどなかった。なぜなら、すべてが彼に好都合にお膳立てされており、彼はその方向へと進んでいけばよかったからだ。彼にとって人生で犠牲にしなければならないことはほとんどなく、エドにとって挑戦とは、彼の人生という旅のなかでは楽しいことだったのである。

エドのような事例はきわめてまれだ。多くのトレーダーたちは成功するために相当の代価を支払わなければならない。

また、その代価は、どんなトレーダーになりたいか、どのような利益を期待するかによって大体決まる。例えば、もしトレーダーが臨時的あるいは長期的にミューチュアルファンドに投資をしたいのであれば、彼が必要とするリソースは、五分ごとに更新されるオンラインチャートで売買をするフルタイムの先物トレーダーのリソースとは、大きく異なるものとなる。

「プロのトレーダーになるために代価を支払ってもよいか？」

代価とは何か？

トレード成功のための代価は、次のことを合わせて算出される。

1　身体の健康

長期的な観点で、成果を上げられるトレーダーであるためには、良好な健康状態に裏づけされた「高周波のエネルギー」を必要とする。身体が健康でなければ、迅速かつ効果的な選択をするために必要な情緒的、心理的な強さが備わらないことになる。もし低周波のエネルギーでトレードをすれば、トレーダーは恐怖や不安に屈することになる。ネガティブ思考を習慣的に繰り返せば、それはネガティブな行動につながり、それが自分の神経系に伝えられ、さらに深く植え込まれることになる。自分を健康的な食生活を維持し、適量の運動とリラクゼーションを必要とする運動選手として考えてみよう。

売買結果が自分の売買システムの生み出せる実力を反映していないとき、もし健康状態を改善すれば、その売買結果を改善できる確率は非常に高くなる。

2　心の健康

身体面での健康と同様に、心の健康も重要である。人は生きている間に、それを体験したときには解決できなかった不快な出来事を蓄積していくものだ。大人であれば、そうした出来事を認識し、そんなことがあったと理解することにより、不快な記憶を払いのけるという態度をとることが多いだろう。問題を理解しても、癒しとはならず、また問題を解決することにもならない。

これらの問題はトレードでは成果を妨害する要因として立ちはだかる。そしてこの傾向は自分が「低周波エネルギー」の状態で仕事をしているときに、特に顕著となる。もしトレーダーとして能力を最大限に発揮したいのであれば、自分の感情的な問題の解決には専門家の手を借りなければならない。心理上の問題を先延ばしせず、なるべく早く解決しようとする者が、ゲームで有利な立場に立てるのである。

3　環境の支え

もしトレーダーが、子供のころ自分のやりたかったことに人が協力してくれなかったと感じているのであれば、大人になったその人物の内面には通常、矛盾が存在している。彼は自分がやりたいことなのでトレードを支持している。一方で、彼の内面の一部である自分の両親の声に通常は従うことになる。その結果、トレードの世界に入ることが困難であると感じるのだ。

もしトレーダーの家族が彼の職業を支持していなければ、彼は儲かっていなければ罪悪感を抱き、また金を儲けても憤りを感じるか、あるいは自分の家族に対して相反する感情を持つことになる。こうした感情は、どれも良好なトレードの心理状態に寄与しない。

もしあなたが「自分は成功するであろうし、トレーダーになったことは良い選択であった」と考えているのなら、恐らく周囲の重要な人物たちから協力を得られるだろう。あなたがかもし出す自信が、周囲の人々の信用を引き出すからだ。

もちろん、実際に成功しなければ自信をつけることはできない。しかし、問題は普通、成功の実績を築く過程で始まっている。つまり重要なことは、自分の人生でかかわる人々にトレードが生計を得る有効な職業であることに気づくよう、知らしめることなのだ。人々に自分のビジネス計画を示し、すでに成功を収めている人々を実例に挙げ、なぜ自分がこの分野で成功できると考えているか、その理由を述べるのだ。

4 テクニカル分析力と創造力の訓練を受けること

バランスのとれたトレーダーになるためには、論理面での能力をつかさどる左脳と、創造面での能力をつかさどる右脳に刺激を与える必要がある。テクニカル分析に関連する数学や科学といった学問は、トレードの論理的な部分の理解を促すことになる。音楽や美術、演劇に関する学問は、トレーダーの創造性を高める。

脳の論理性と創造性の両面のバランスがとれていれば、直感を高めることができる。それはトレーダーがこの分野でいずれその能力を開花させ熟練の域に達する意味ではタネのようなものといえる。

脳の論理的な能力を開発するための方法の一つは、数学の技術を必要とするゲームをすることだ。創造性は、心のなかで感覚的な詳細についての物語を考えたり、紙にそれを書き出したりするエクササイズによって訓練できるだろう。

5　相場のなかでの教育

トレードは、ほかの職業と同様、勉強する必要がある。実際のところ、医者や弁護士が一冊本を読んだくらいで、十分に訓練できたといえるだろうか？　相場のあらゆる側面についてよりよく理解していれば、不測の事態が起きた場合、どのように備えればよいかが分かるようになる。もし不慮の出来事をあらかじめ想定しておけば、トレーダーとして成長する途上で大きな失敗をする多くの人々のように、手痛い教訓を学ぶはめにはならない。

まず相場の一般的なことについての本から読み始めよう。次に自分がトレードをするうえで特に関心のある分野の本を読む。そのようにして、本、テープ、勉強会、セミナーなど自分の引き出しを増やしていくわけだ。

6 自己規律

犠牲や時間の約束、規則順守に要するすべての試みが、トレーダーになるために必要な規律を身につけるためになる。もしトレーダーが自分で決めたシステムや手法に従えないのであれば、それは自分で自分のシステムが信頼できないか、かつて一度も自分自身を律したことがないのでどうすればよいか分からないか、あるいは心理上の問題があるからだ。

規律を養うための簡単な方法は、週ごと、そして毎日の計画を立てることだ。毎週、その計画に詳細を付け加えながら、計画に従おう。

7 情熱――動機付け――約束

トレーダーが長期的な成功を果たすには、さまざまな難関を乗り越えていかなければならない。そのためには動機付けと約束が必要である。そして動機付けと約束を刺激するのが情熱なのである。

自分が成し遂げたいと思うことを細部に至るまで考え、前向きな結果を想像してみる。自分が感情的に満たされると、いかに情熱がかき立てられるかに気づくだろう。情熱的な生活というのは情熱的に夢を描くことから生まれるのである。

一つの行事や一つの体験をより充実したものにするために、余分に対策を講じておく。そのことが、どのような職業であろうと、その頂点に達しようという動機付けに必要な情熱を創り出すのである。

8　トレード資金

実際のところ、十分な資金がなければトレーダーになれない。もし資金があまりに少なければ、恐らくそのすべてを失ってしまうことだろう。まずはわずかな資金を元手に、副業としてトレードをはじめ、少しずつ資金を増やし、いずれは専業のトレーダーになる……と考えるトレーダーは、ほとんどいない。

自分が現在有するリソースについてレポートを作成し、それをトレーダーになるために必要なリソースと比べてみよう。次にトレード用のリスク資金に加えて、自分の生活とビジネス上の経費について考えてみよう。さらには自分がトレードを始められる資金的目標までのおおよその筋道を立てる。

一方、トレード計画を練り、相場について勉強を続ける。そうすればトレードを始めるのに必要な資金ができたときに、成功するために必要なスキルを身につけていることになる。

金を与えるブル

9　時間

一度に二つの職業を掛け持ちしようとするトレーダーは非常に多い。しかし、その人たちは、そのために大変なストレスを感じることになる。トレーダーがまったくストレスのない精神状態でトレードを始められるようなシステムを開発するのが理想だ。もしトレーダーが絶えず時間的重圧の下にあれば、間違いなく、親しい人との関係がこじれたり、健康を害したりと、結局はトレードのルールに従えなくなるようなネガティブな問題が生じることになる。

バランスのとれた生活を念頭において時間を配分しよう。トレードのための計画を支持してくれ、自分をトレーダーとして成長させるのに必要な時間を許容してくれるような、人生で大切な人に協力してもらおう。

もしエドが過度の飲酒や、薬物の服用を日常的に行うライフスタイルを選択し、汚染された環境で生活していれば、彼は自分の健康面でのリソースを捨てたことになる。健康を顧みないことは、バランスのとれたトレーダーであるためのポジティブなリソースを失うことを意味する。

その逆に、もしエドが健康を大切にし、財政学で修士号を修得し、ジャズ・サックスを習い、大人になってからは彼に協力的な家庭を築くのであれば、彼は子供のころに備わっていたリソースを増やすことになる。彼のこのようなポジティブな選択によって、トレーダーになることが容易になるのだ。

同じことを見る別の見方

例えば、自分の人生のなかで、ポジティブな生活態度を保ち、正しい人生の選択をするのに必要なバランスを維持するのに、一〇〇ポイント水準のエネルギーを要する時期があったとしよう。もしエネルギーが一〇〇ポイント以下に落ちれば、何ごとにつけてもネガティブで、投げやりになりがちとなり、負の落とし穴にはまることになる。このような状態には、悪い知らせや、その日のエネルギー量が低かっただけでも陥る可能性がある。

このように奈落の底に落ちるのを防ぐため、エネルギー水準を平均一二〇ポイントに保ち、ポジティブな範疇のなかで多少の変動を容認する必要がある。もし活動のなかにポジション・トレードを加えるのであれば、平均一五〇ポイントのエネルギーを保つ必要があるだろう。感情の変動が激しくなると予想されるからだ。一分更新のチャートでネット取引をするデイトレーダーであれば、エネルギーを二〇〇ポイントに保つ必要があるかもしれない。

自分が落とし穴にはまらないよう、ポジティブな選択をしているか理解できるよう、注意し安定を保つため、何が必要かを観察しよう。もしかするとあと一時間多く睡眠をとることが必要なのかもしれないし、午後のスナックとしてプロテインバーを食べたほうがよいのかもしれない。

ここで指摘しておきたいのは、ネガティブな態度をとればとるだけ、地獄の状態から抜け出すことがますます困難になるということだ。なぜならエネルギーの蓄えが枯渇してしまうからである。

モンキースパナ

フロアトレーダーのジョーは、その生来のリソースによってお金をたくさん稼いでいた。ところが、彼が選んだライフスタイルは、およそ長期的な成功を遂げるトレーダーの模範なるようなものではなかった。彼はジャンクフードばかりを食べ、過度に飲酒し、夜な夜なパーティーに出かけていたのだ。ライフスタイルがこのようなものであったにもかかわらず、ジョーは七年間連続して、毎年五〇万ドルもの収入を稼いでいたのである。

ところが、ジョーの親友が飛行機墜落事故で死んでからというもの、彼は深刻なうつ状態に陥った。彼にはそこからはい上がるだけのエネルギーの蓄積がなかったのだ。もう長いこと、彼は「口座」に蓄えていたエネルギーを引き出しては、それを消費していたのである。

トレードに復帰したとき、トレードのリズムを忘れ、自信もなくしていた。彼は奈落の底へとより深く落ちていき、それに付随して悪癖には歯止めがきかなくなっていった。そこから彼を救いあげられる道はもうなかった。

結論

どのトレーダーも成功するためには支払わなければならない代償がある。その代償は、一生にわたって支払う場合もあれば、非常に短期間にまとめて支払わなければならないこともある。いずれにせよ、トレーダーに利用できるリソースが豊富であればあるほど、自分のトレード・キャリアを台無しにする確率は低くなるといえる。

良い選択を維持することで、キャリアを妨害するような落とし穴に、はまる可能性は低くなる。そして、もしはまってしまったとしても、そこから立ち直れるエネルギーを供給してくれるリソースを備えているだろう。

第18章 フルタイムトレーダー
FULL TIME TRADING

「八時間働き、八時間眠っても、まだ八時間楽しむ時間がある」

トレードを専業にするということは、平日、一日一六時間も働いてヘトヘトになる日もあれば、一日一時間しか働かない日もあり、またその間にいろいろ時間の組み合わせがあることを意味する。大切なのは、自分にとって幸せな生活を維持しつつ、トレードから最大の成果を得るために、どのような時間の枠組みのなかで働くことが適切であるかを見極めることだ。

一日のトレードに一定の時間を費やさなければならないと考えたり、最良の成果を上げるためには自分が費やすと決めた時間が長すぎるのではないか、あるいは少なすぎるのではないかと思い込んでしまったりするトレーダーは、とても多いものだ。

お金のために必死に働いた

常に一貫して利益を上げているトレーダーは、極めて高い報酬を稼ぎ出すほかの職業と同様、その費やす時間もエネルギーも多い。しかし、大半のトレーダーたちにとって問題なのは、トレードに長い時間を費やすことが常習化してしまい、その悪癖を克服することが困難になるということだ。つまり、トレーダーたちは長時間働かなければトレードの成果があがらないと考えてしまっているわけだ。

トレーダーたちに忠告したいのは「トレーダーになる過程で相当の時間を学習に振り向けるべきであるが、もし絶え間なく、長いこと、自分自身にプレッシャーをかけていると、生活のバランスがくずれ、それがトレードの結果にも悪い影響をもたらす」ということだ。常に最高のパフォーマンスを維持するためには、身体、感情、精神、社会性のバランスがとれていなければならない。つまり、トレード以外の別の生活も有していなければならないということなのだ。

必ずしもそうではない

古風な労働倫理観から、仕事によって生計を得るためには、一日に少なくとも八時間働くべきだとあなたは考えているかもしれない。しかし、私は自分の顧客たちが働くパターンを観察して、さほど長時間トレードに費やさない人のほうが、より多くのお金を稼ぐ場合が多いことを発見した。

コーチはときに、こんなこともする……。

1 彼らに指摘する

顧客が自分の日々のトレードについて私に口頭で語ってくれたことを私が彼に繰り返し伝えたとき、彼はすでにはっきりしていた解決策を自覚したのだった。それは時間をもっと有効に使うことだ。

例えば、ロンは何年も取引所の立会場でトレーダーとして働いてきた。過去一〇年というもの、彼は勤勉にも、ほぼ毎日、寄り付きから大引けまでその場にいた。彼は一貫して利益を稼ぎ出していたが、そこで仕事をすることで健康を害し、トレードを楽しめなくなっていた。

彼は私にこう語った。

「そうなんだ。午後、立会場に行くのが時間の無駄だと思うときがあるよ。疲れていて乱高下にうまく対処できたためしがないし、その揚げ句、午前中に稼いだ金の多くを失ってしまうんだから」

私は彼に尋ねた。

「これまでの五年間、もし午後にトレードをしていなかったとしたら、結果はどうなっていたかしら？」

現在、ロンは午前中だけトレードをやり、一日の残りはジムで過ごしたり、湖岸でアヒルにえさをやったりして楽しんでいる。彼は以前と比べてもかなり多くの金を稼ぐようになり、再びトレードを楽しむようになった。

2　自分でパターンを認識する

自分の売買システムや売買手法を改善する最良の方法とは、ある一定期間、自分の売買ルールに従うことである。すると、自分がいつどこで一番多く利益を得ているかが明らかになるようなパターンが現れる。ところが、トレーダーがそのルールに没頭するあまり、自分では気づかない場合もあるわけだ。

ゴルフに出かけるトレーダー

トムは、その明白な事実を自覚したくなかったケースである。彼がやっていたのは二つの異なる時間枠でのトレードだった。長期的時間枠でのトレードは利益を上げており、彼のライフスタイルもそれで維持できた。一方、短期的時間枠のトレードは利益を上げていなかった。

私はトムの姿を鏡に映し出し、彼がデイトレードというギャンブル依存症になっている事実を認めさせると、彼はその衝動をテレビゲームで解消することにした。今、彼は終日働いて得ていたのと同じだけの収入を、長期的なポジション売買を一日一時間やるだけで稼ぎ出している。

3 労働時間を減らすことを誰かに許可してもらう

トレーダーたちは、自分が何時間働けばよいかの基準を決めるのに、両親や先生、仲間、そしてほかのトレーダーたちの例を参考にする。そのため、彼らのほとんどは、優れたトレーダーたちの多くが一日長時間働かなくても相当の利益を上げていることを体得できずにいるのだ。

しかし彼らは、自分の家族に同じことを言われたとしても、トレーダーズコーチである私の言葉のほうを信じる場合が多い。私には、彼らの家族よりも、多くのトレーダーたちと一緒に仕事をした豊富な経験があるからだ。例えば……。

マーティーは働き始めた当初、多額の資金を失うようなミスを犯した。このときの失敗以来、彼は最終判断を下す前に、自分のトレードに関する決定について、何度も何度も繰り返し考えなければならないと思うようになった。

私は彼に「チャンスであると認識するまで何度チャートを見る必要があるのか?」と尋ねたところ、彼は「一度だけさ」と答えた。

マーティーはようやく自分自身の決断について検討しなおす必要などなく、相場を分析するのは短時間でもよいと理解したのだった。実際、現在の彼は、より多くの利益を上げており、ストレスも減り、家族と友人と過ごす時間も増えたのだった。

4 魅力ある何かをやる時間を計画する

トレーダーのなかには、トレード画面に見入っていることが、ほかのいかなる活動に比較しても刺激的だと感じている人たちがいる。このようにトレードの強烈な魅力を愛する人々は、他に同じように魅力的なことが待ち受けていないかぎり、その場を離れることができない。例えば……。

ティムにはかつて妻があり、子供もいて、コミュニティ活動に参加し、趣味を楽しむなど、バランスがとれて幸福な人生を送っていた。ところが、彼にとっての「アクティビティー・ディレクター」であった妻が亡くなり、子供たちが独立して家を離れると、彼はどう生活すればよいのか分からなくなってしまった。

彼は次第にパソコンの前で長い時間を過ごすようになり、ついには一日の大半をそこで費やすようになってしまった。彼は、以前のような生活に戻りたいと思っていた。しかし、トレード以外のことに注意を振り向けるにはどうすればよいのかが分からなかったのである。

私は彼と面接して、一週間のうちにやらなければならない課題を与えることにした。最初、彼は気乗りがせず、私が提案した課題はパソコン画面の前に座っていることに比べれば、あまり興味が持てないと言った。

ある週、彼は友人からパーティーに誘われた。いつもなら出席しないのだが、私は週ごとの課題の一つとして、このパーティーに出席すべきだと彼にすすめた。そしてそのパーティーで、彼は自分の妻に似て、とても積極的に社会生活を楽しむ女性に出合ったのである。

彼女は彼の「ソーシャル・ディレクター」としての地位を引き継ぎ、彼は再びバランスのとれた幸福な生活を送るようになった。その結果、彼は前のように一日一六時間働かずとも、六時間のトレードでほぼ同水準の利益を上げているのである。

5 周囲の大切な人たちに、一日に働く時間が短くなったからといって便利屋になったわけではないことを納得してもらう

一日一〇～一二時間働きながら、トレーダーである夫に比べてその半分ほどしか収入を得られない妻が、夫に「全然家事にかまってくれない」と訴えることは往々にしてある。多くのトレーダーが長時間、パソコンの前に座って時間を浪費するのは、もしそうしなければ使い走りや「主夫」をやらされるからだ。次のケースもそうした事例の一つである。

リンダはいつも、トレーダーである夫のハリーが家の雑用をしないとこぼしていた。私はハリーに雑用のリストをリンダに書き出してもらい、もしその仕事を終えたなら、余暇を彼の好きなように過ごしてよいと約束してもらうよう提案した。そしてハリーは使い走りの仕事を彼に代わってやってくれる人を探し出したのである。

結果、彼がパソコンの前で過ごす時間は減り、ストレスを感じることなく、より多くの利益を稼ぎ出せるようになり、そのおかげでその費用をたやすく捻出することができるようになったのだった。

6　何かを逃したと感じないよう備える

トレーダーなら誰しも画面から目を離したわずかなすきに、大きな売買機会を逃してしまったという辛い体験を一度ならずしているものである。それゆえ、トレーダーはこの「大儲けのチャンス」を待って、画面から目を離すまいとする。

ところが、私が知っている最高のトレーダーたちは、大儲けのチャンスを待つのではなく、日々のトレードで着実に収益を上げている。こうした最も優れたトレーダーたちは、自分のペースで生活し、同時にトレードする時間をも楽しんでいるのである。彼らのやり方をまねれば、多くのトレーダーたちのように、画面の前から離れることを自分に禁じて、ストレスをためることにはならない。例えば……。

ジョーは妻に誘われて休暇を過ごしたため、旅行中に生じた大きな売買機会を逃してしまったことがあった。またある日の午後、病気で休んでいたために大儲けのチャンスをつかみそこねたこともあった。彼は今になっても自分が逃したトレードのことを口にしてしまう。

ところが、ジョーはあまりにも長時間、パソコンの前で過ごしたために、トレード過剰気味となり、「大儲け」よりは小さめの幸運を見失っていた。私はジョーに「手がけるトレードの五〇％を放棄して一日に四時間だけ働き、それを一カ月続けてから結果を見てみてはどうか？」とすすめた。彼は私の提案を実行することに躊躇したもののの、これまでよりもトレードを二〇％減らし、一日に六時間働くことにした。

その結果、彼はいまだかつてないほど利益を上げていることが分かった。彼はまだ半信半疑だった。しかし、利益を示す数値は、たとえパソコンに釘付け状態となって次の「大儲けのチャンス」をつかもうとしなくても、より多くの利益を上げるチャンスを逃しているわけではないという、何よりも強力な証拠だった。

7 損をする可能性から自分を守る

アルバートには、いつも自分のストップ（編注　この場合、損切り用の逆指値）をつぶさに観察する習慣があった。相場がそこまで押しても直ちに反発するであろうと思われるところよりも下方にストップ注文を置こうとした。彼にとって自分のポジションが間違いであり、損切りとなることは耐え難いことであったわけだ。

そこで彼は起きている間、そしてときには夜通し、画面から目を離さないようにした。アルバートは疲労困憊し、ノイローゼ気味になった。彼が私に悩みを語ったとき、私はその時点ではっきりしていたことを彼に指摘した。彼が自分自身を信頼するには、自分のストップに関心を持つと同時に、画面の前から立ち去ってもよいと感じる必要があったのだ。

私は自分のトレード計画に立ち返ってみてはどうかと提案した。彼は自分のルールに従って不測の事態に対処する必要があった。そこで、自分の本来のストップを維持していたらどのような結果が得られたか考えるため、過去のトレードを検証したのである。その結果、明らかになったのは、もし彼が本来のストップに一貫してとどまっていれば、もっと多額の資金を稼ぐことができただろう、ということだった。

そして私たちは「間違えては困る」という彼自身の不安に取り組んだ。さらに自分のルールでトレードすることに自信を持ち、自分の当初のストップにふみとどまるというメンタル・リハーサルにも取り組んだ。

現在の彼はパソコンから離れ、彼のルールに従ってストップを置くことは、最良のやり方であるという自信を持っている。アルバートは一日に四時間仕事をし、ゆとりをもってより良い選択ができるようになった。

8　今日は切り上げてもよいと言うために

自分自身をコーチするため、次のような自問してみよう。これらの質問は自分が最高の結果を生み出すために、適切な時間を費やしているか認識するうえで役立つ。

- 自分はなぜそれだけの時間、働くことに費やすのか?
- もし働く時間を短くしたらどうなるか?
- 自分が最もお金を稼いでいるのはいつか?
- 一日のうち、何時間を無駄に過ごしているか?
- 一日のうち、最もお金を稼いでいるのはいつか?
- 一日のうち、稼ぐお金が最も少ないのはいつか?
- フルタイムで仕事をしていると認められるために一定時間働くことをあなたに期待するのは誰か?
- 自分が働く時間を長くすれば、あるいは短くすれば、より多額のお金を稼ぐことができるか?

結論

トレードで成功するには、まず長時間勉強し、計画することが必要となる。ただし、プロのトレーダーであることの難しさでもあり、メリットでもあることの一つは、金銭的報酬において最大の効果を上げるために伝統的な一日八時間労働のルールは必ずしもあてはまらないということだ。

相場でより多くの利益を生み出すために長時間働く必要があるというトレーダーがいる一方で、トレード時間を短くすることでより良い成果を上げているトレーダーが多いことに私は気づいた。

第19章 未来を予測する
TELLING YOUR FUTURE

相場で収益を出す最高の方法は、未来を予測できる能力があることだ。「過去のことは未来にはあてはまらない」と絶えず言われていても、よく観察してみれば未来に有利に生かせる指標というものはある。

未来に影響を与える過去

売買手法の検証ほど、将来の相場でどうなるかの予測に役立つ情報はない。検証によって相場の歴史が明らかになり、また自分がある時期に実践していた特定の手法やシステムがどのような効果を生み出したか明らかになる。

またシステムを検証することで、相場の流れに対する自分の反応が調整される。これを実践することで、自分の神経を「相場と一体化」させる下地作りに役立つのだ。

言い換えると、検証することで、相場の流れに対してアンカーを形成し、信頼に足る独自の直感的な指標を得ることができるのである。もし直感的な指標に従ってトレードするのであれば、そのトレードは科学や数学を超え、芸術の域にまで達する。ファンダメンタル分析とテクニカル分析は、あらゆる相場の状況に備える基本的要素である。テクニックだけでも安定した優れたトレーダーになれるとはいえ、最高のトレーダーになるためには自分の論理的な能力と創造的な能力を合体させる必要があるだろう。

このことを理解するために、トレードの世界を離れ、傑出した人材となる要因とは何かを示すような、ほかの分野での類似した事例を探してみよう。

1 あらゆる本を読み、クラスで成績が一番だったという外科医が最も優れているとは限らない。身体の流れのなかで何が起きているか感じられる医者のほうが「本から学んだ医者」であれば困惑してしまうような事態が手術中に起きた場合でも、本に書かれた以上のことができる、ということが多い。

2 優秀な法廷弁護士は、裁判官や陪審員たちに影響を与え、自分の議論が彼らに納得してもらえるように、適切な言葉を選び、行動する必要がある。それは書物には書かれていないことで、絶え間なく選択するという努力が必要とされる。

3 偉大なジャズ・ミュージシャンは、楽譜に書かれている音符一つひとつを演奏する以上のことを表現する。音楽、ほかの演奏者たち、聴衆、そして彼自身が結びついて、テクニックを超えた相乗的なバランスを生み出すのである。

私たちを食わせる媒体を養う

偉大なサラブレッドは、最高の穀物を与えられ、調教され、ポジティブな環境のなかで育てられる。トレーダーも同じように育成される必要がある。将来的なパフォーマンスに影響する何かがあるとすれば、それは選択を判断する媒体をどのように扱うかにかかっている。ここで言う媒体とは、自分の心であり、身体であり、精神である。

最高のトレーダーのなかには、自分を大切にするという基本的なことについて、何度も注意を促さなければならないような人間もいる。金儲けに忙しすぎて、自分自身に常に適切なケアをすることを忘れてしまいがちになるからだ。その逆で、お金を稼げないので何とかしようと忙しくなり、やはり自分自身へのケアがおろそかになってしまう人もいる。

未来

もし過去を見つめることが、自分の将来を判断するのに役立つのであれば、未来を見つめることで、さらに的確になるのだろうか？

未来を予測する戦略の一つが、実績を積み重ねている予測指標を探すことである。例えば、クマケムシが例年以上にもこもこと太っていれば、今年は厳冬になると予想できる。株式市場が暴落すれば景気も悪くなる。信頼する市場専門家が、相場は好調だろうと予測すれば、そのとおりになる……。

さて、未来の預言者の良し悪しについての私たちの評価が、過去の実績に基づいていることにお気づきだろうか？　もし彼らが過去に予想したことが高い確率で的中していたら、次に彼らが予測することが的中する可能性は高いというわけだ。

つまり、どんな予測の基準となるものも、すべて確実とは言えないのである。どれか一つに自分の予測を賭けてしまえば、大失敗しないとも限らない。それでもそうし

タイムマシンのブル

た指標が、ほかのいかなる予測指標よりも正確であると、私たちは信じるようになる。

過去の心理

過去に目を向け、未来を予測するもう一つのやり方は、自分の心理状態の歴史を振り返ることだ。あるトレーダーは、週末に自分史を書いているのだと、私に話してくれた。彼のいう自分史とは、人生で体験したすべての出来事、かかわった人物たち、そしてすべての感情面での歴史を含むものだった。彼が感情面での歴史を書きとめることにしたのは、自分が何ものであり、過去に起きたことに対し、自分がどう反応したかを知りたかったからだそうだ。

「自分の未来を計画しているんだ」と彼は言った。

「今、私たちが経験しているのは大変な時代だ。でも、これからは自分自身で人生を取り仕切りたい。そのための唯一の方法は自分自身を知ることなんだ」

もともと彼はとても変わった人物なのだが、その指摘は重要だ。自分の未来を予測するためには、自分の過去を知る必要があり、そして自分の感情の歴史は過去の重要な要因なのだ。

自分の感情の歴史には、自分の感情パターンが含まれている。例えば、自分の人生である出来事が起きたときの自分の心理状態はどうだったろうか？　またどのように影響しただろうか？　自分はこれまでに落ち込んだり、怒ったり、嫉妬や悲しみ、情熱の欠如や憤慨、惨めさを感じたことがあるだろうか？　一方で、自分はこれまでに長期間にわたって感情的に安定し、幸福で、人生にわくわくし、満足したり希望にあふれていたりしたことがあっただろうか？

自分の感情はどのような歴史をたどったのだろうか？　例えば、自分はのびのびとして、楽天的で、幸せな子供だったのに、怒りっぽく反抗的なティーンエージャーとなり、長じてからは、やる気がなく悲観的に、そしてついにはうつ状態に陥るに至ったのだろうか？　そして今、自分は四〇歳となり、成熟し、バランスの良い人間となったが、かつてのように悲観的ではないが、子供時代をおいてこのかた、情熱も喜びも感じたことはない、といった具合だ。

このようなプロフィールから、自分の幸福な子供時代の流れをくつがえしたのが何か興味を抱くだろう。感情の分岐点となった原因は何だろう？　そしてそれ以後の悲観的な感情状態が、さまざまな状況のなかでどんな結果をもたらしただろうか？

あなた自身の未来を予測する

相場の未来を予測することについては入念であっても、ほとんどのトレーダーたちは自分自身の未来を予測してみようなどと考えないようだ。それでいて、未来には彼らの運命がかかっている。

自分自身の未来について十分に考えているならば、私たちの未来についての計画はより良いものとなり、大いに安心できる。目標に向かって前進する過程で、さらなる成功を収めることができるのだ。

もし私たちが相場向けに開発した戦略を自分自身の未来と資産に当てはめたらどうなるだろうか？

【戦略1】

過去に自分は類似した相場状況や経済状況でどうしてきたのか？　検証結果はどうか？　自分の売買パターン、収益の歴史、さまざまな影響や状況に対する反応の仕方、自分の手法によって得られた成果とはどのようなものであったか？　最も成果があった反応はどのようなものだったか？　もし将来も自分が同じように行動すると仮定した場合、その成果も同じであると仮定できるだろうか？　そして同じ成果が得られるとすれば、そのことについて自分はどう感じるだろうか？　そういった予測に対して、自分は幸福を感じるだろうか？　それは自分が望んでいることだろうか？

【戦略2】

過去の実績で、自分に正確な将来についての情報を与えたのは誰なのか？　例えば、これまでに読んだ過去の相場予測が的中した人々についての雑誌記事、本、ニューズレターなどのなかで現在、熱心に読んでいるものはあるだろうか？　その人たちは何を予測し、どのようなアドバイスを与えているのだろうか？　自分はそのアドバイスに従っているのか？　もしその人たちが正しいとすれば、将来どうなるだろうか？

もし自分が信じるに至った未来についての指標を自分のトレードに応用するとしたら、どうなるだろうか？　自分の未来はどうなるだろうか？　それは自分が自分の未来に望むことなのだろうか？

【戦略3】

自分の心理面の歴史には、相場が弱気のときや不活発なとき、あるいはあまりにも不透明なため乱高下が続いて利益を上げられなかったとき、感情的にどういう反応を示したかが反映されることだろう。つまり、過去に損失や不景気に直面したとき、あなたがどう反応したかということだ。

自分が将来、何が起きるか考えるかによって、自分が今後恐らく感じ反応するであろうことを決定できるのだ。そして一番重要なのは、自分が切り抜け、あるいは成功してきた過程を決定できるのは自分だということである。

自分の未来を好きでないとき

ある時点で、あなたは自分の未来像を描くことになるだろう。もし自分で予測したことが気に入らなかったら？　自分のトレードの未来を予測することはとても恐ろしい場合もある。しかし、それは自分のすべての予測を変えてしまう可能性があるという警告としての役割を果たすこともある。ＳＦ映画にあるように、未来は自分の手中にある。未来は確定していないのだから、そこには変化の余地があり、新たな戦略を開発することができるのだ。例えば……。

- ●自分を有利な立場に置くため、ただちに対策を講じることができる。
- ●自分の力、弱点、資産を評価し、どう対応しなければならないか知ることができる。
- ●自分の弱点に対応するための戦略を開発できる。過去に相場が大変動してパニックに陥った経験があるのであれば、将来同じパニックを繰り返してはいけない。同じような事態に直面したら、即座にポジティブに対処すべきなのだ。
- ●問題があったらすぐに助けを求めること。人生が破綻するまで手をこまねいていてはいけない。家族や友人、同僚、本、精神的支柱となる人物、あるいはセミナーやコーチが助けてくれるだろう。

心理的、行動的パターン

自分はこれまでと同じようなパターンで考え、行動すべくプログラムされている。そのパターンが前向きで、生産的であり、自分に代わって問題に対処してくれるものであるならば、ただ本能に従えばよい。もしこのパターンがそうではなく、厄介なものならば、手綱を緩めることなく、常に異なる選択をしなければならない。このパターンを外から援助なしに変えることは容易ではない。しかし、本人が自覚し、強い意志で取り組めば可能である。

結論

最終的な結論として、自分の未来は、自分が生きる過程でしていく選択によって予測できる。自分の過去を分析し、より良い選択をするパターンを作り上げ、必要とあらば外部の助けを求め、そしてポジティブな影響を受けるようにするならば、非常に幸運に恵まれた未来を創造できるだろう。

第5部 身体とトレード

The Physical Side of Trading

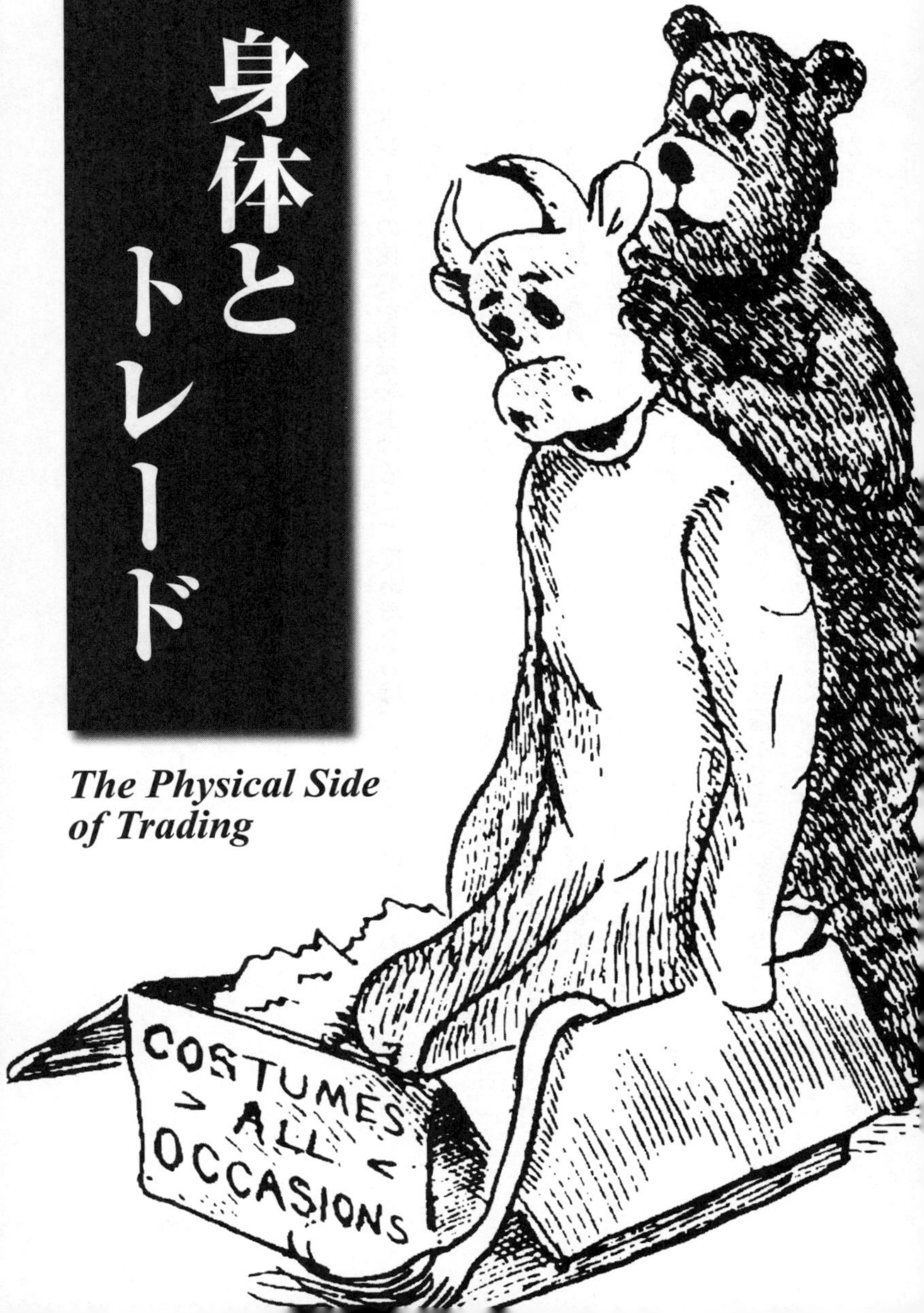

第20章　トレーダーとセロトニン　パート1
TRADER AND SEROTONIN: PART 1

トレードの核心が利益を上げることであるならば、利益を上げるための核心は幸福感にある。

トレーダーが感情的に元気だと感じているときは、その人に自信、熱心さ、楽観性、自尊心、そして自分の行動に注意を向ける能力が備わっていることを意味する。感情的に最高の状態にあれば、自制心を保ち、自分の売買手法と資金管理戦略に従いつつ、トレードで良い決断を下すことができる。そして自分自身も自分の人生もうまくいっていると感じられるならば、自分の健康や家族、そして将来を大切にしようと考えるものである。

言い換えれば「このトレーダーは勝利をつかむ準備ができている」のだ。

このように感情面で成功するだけの条件を備えたトレーダーが一体どれだけいるだろうか？　過去一〇年、私は、憂うつ、簡単には抜け出せない悲観的気持ち、不安や絶望、無気力や自尊心の欠如と格闘しながら、相場で成功しようと挑戦する非常に能力のあるトレーダーたちと仕事をしてきた。こうしたトレーダーの多くは、不安や焦燥感に邪魔されて不眠に苦しんでいた。そして眠れない夜を過ごした翌朝は、全身に広がる疲労感とともに自分の世界がどこか間違っていると感じながら目覚めるのである。

このように過度な重荷を背負った状態でトレードをすれば、勝ちを収めるべきときに適切な対処をしないがゆえに失敗し、その精神状態はさらに悪い方向へと落ち込んでいく。そしてそのような状態が、客観的には恵まれている時期に起きていることもあるのだ！

感情的安らぎの科学

近年、科学や心理学の世界での「私たち人間の感情の落ち込み、不安やうつ状態には、生化学的な原因がある」という点に関する研究結果に目をみはるものがある。そのなかで最も興味深く、最も影響力のある発見は、私たちの脳のなかで「神経伝達物質」と呼ばれるケミカル・メッセンジャーが、感情や身体的安定に及ぼす効果についであろう。

セロトニンは一般的に、私たちを幸福にし、落ち着かせ、不安ではなく、ゆったりとした気分にさせる作用を持つ神経伝達物資であると考えられている。セロトニンが欠乏すると、人はすぐ憂うつになったり、それに付随する症状に悩まされたりする。また直接的あるいは間接的に次のものに影響している。

1 身体のストレス管理
2 私たちの循環器系統、免疫系の健康
3 ガンを防御する能力
4 睡眠
5 内分泌系の調整
6 肥満と抑制不可能な食欲
7 不安とパニック
8 食欲亢進
9 強迫神経症
10 自閉症

11　対人恐怖
12　偏頭痛
13　怒り
14　極端な暴力
15　月経前症候群（PMS）
16　統合失調症
17　注意欠陥・多動性障害

こうした広範にわたる影響のいくつかは、うつ状態と同じように、セロトニンの欠乏によって直接引き起こされる。一方、うつ状態によって間接的に起こる症状もある。例えば、深刻なうつ状態にあった人は、心臓発作や脳卒中の後で死亡する危険性が高い。うつ状態ではなかった人に比べてガン生存率が低い。

セロトニンが明らかに欠乏している多くのトレーダーにとって、この研究結果の意味するところは、単にパフォーマンスの改善にとどまらない。幸せを感じるあらゆる面、そして未来の成果にも明らかにかかわっているのだ。

私はこの問題についてリサーチしていて分かってきたことがある。それは、私たちが年をとるにつれ、仕事のストレスが増し、食生活にもかまわなくなり、さらなる環境汚染にもさらされるようになると、その結果セロトニンが欠乏する可能性も高まるということだ。

もしこの問題について考えたことがないというのなら「脳の生化学」という世界を紹介したいと思う。現在、もしあなたが抗うつ薬など気分を変えるための薬を服用しているのであれば、自分の治療方針に責任を持つ賢い消費者の目で、この問題を考えてみることをおすすめする。たとえ、あなたの脳が幸運にも完全に生化学的に正常であるというのであっても、気分や体調に問題があり、それがあなたにも影響してしまうという家族や知人のために役立つ情報を得られるだろう。

セロトニンとは？　その作用とは？

人間の脳や神経系統では、メッセージが一つの神経から別の神経へと伝えられる。そこに一つ、小さな問題がある。つまり神経はつながっていないということだ。その代わり、神経と神経の間にはシナプスと呼ばれるスペースが存在する。メッセージは電気インパルスによって運ばれて神経細胞を伝わり、神経伝達物質と呼ばれる化学物質によってシナプスをわたる必要がある。

セロトニンは、気分や感情に影響を与える主要な神経伝達物質であると考えられている。気分や感情に影響する重要な神経伝達物質は、セロトニンのほか、副腎髄質ホルモン（NR）とドーパミン（DA）の二つがある。

伝達物質であるセロトニンは、神経細胞の末端の小さな袋のなかに蓄積されている。そして電気インパルス（つまり伝達される必要のあるメッセージ）が、蓄積されたセロトニンを刺激すると、それはシナプスに放出され、移動先の二つ目の神経細胞の末端にあるセロトニンの受容体に結合するのである。

メッセージが伝達されるとセロトニンは、酵素によって不活性化されるか、システムに再吸収されるかして、中和されなければならない。シナプスからセロトニンが取り除かれないと、そこに蓄積され、新しいメッセージが運ばれなくなるからだ。

こうしたセロトニンの代謝を行う酵素をモノアミンオキシダーゼ（MAO）と呼ぶ。すべてが正常に機能していれば、適正量のセロトニンが神経から神経へとメッセージを伝達し、そして伝達が完了すれば、適正量のMAOがセロトニンを不活性化するわけだ。

セロトニンの副産物の一つに、メラトニンと呼ばれる脳内生化学物質がある。睡眠と覚醒のサイクルをつかさどるこの物質は、私たちが若く、健康で、すべてが順調に機能していれば、私たちのシステムに十分存在している。これで容易に眠りに入ることができ、また十分に休息をとることができるわけだ。しかし、セロトニンが欠乏していると十分なメラトニンが生成されず、十分に眠れなくなる。

つまり、私たちの脳や神経系統のなかでは、感情や身体で感じることに影響を与えるような、非常に複雑な化学的連鎖反応が起きているのである。そしてセロトニンに関することは、そのごくわずかな一部、しかし絶対的に重要な一部なのである。

セロトニンはどこから来るのか？

脳内に蓄積されているセロトニンの量は、それを利用する身体的能力と、食事で摂取されるアミノ酸（トリプトファン）の量に直接的に関係してくる。アミノ酸というのは私たちが食事で摂取しなければならない、たんぱく質を構成する主要な成分である。

トリプトファンの最良の供給源となるのは肉類で、とりわけ七面鳥が最高とされる。魚や乳製品、大豆プロテイン、カボチャやゴマ、レンズ豆やバナナにもかなりの

ホルモンのバランスが崩れてしまったブル

トリプトファンが含まれている。感謝祭の食事で七面鳥の料理を食べたあと、ひどく眠くなることに気づいたことがあるだろうか？「食後、昼寝が必要になるのは、特に脂肪や糖分の多い食物を摂取するからだ」と以前は言われていたものである。しかし七面鳥やサヤインゲンを食べただけでも、同じことが起きるかもしれない。なぜなら七面鳥には、たくさんのトリプトファンが含まれているからだ。

では、もしセロトニンの問題が、より多くのトリプトファンを摂取することで簡単に是正されるとすれば、単にトリプトファンを食事に加えて、セロトニンの濃度を上げたり、トリプトファンを錠剤で摂取したりすればよいのではないか？

一九八八年まで、市販されるトリプトファンの需要は急激に高まっていった。消費者がこれを摂取することで気分が大幅に改善されることに気づいたからだ。ところが悲劇が起きた。日本の実験室で合成されたトリプトファンの一部が汚染されていたのだ。そのため、およそ三〇人が死亡し、一〇〇〇人余りが病気になった。そして米食品医薬品局（ＦＤＡ）は、その問題の原因を追究せず、また供給されたものが汚染されていないことを確認することもなく、原因はトリプトファンにあるとして、これを市場から回収してしまったのである。

トリプトファンのサプリメントは、かなり重症の栄養素不足を解消するのに、手軽で直接的に働きかける効果があり、しかも安価である。にもかかわらず、処方薬としてのみ入手可能な薬になってしまった。

さらに厄介なことに、人体が適切にある物質を利用できるかは、その物質がトリプトファンであれ何であれ、ほかの栄養素が供給されるか否かに左右される。例えば、トリプトファンが正常に作用する過程では、適量のビタミンCとビタミンB群の栄養素を必要とする。つまり、まず適量のセロトニンを生成するには十分なトリプトファンが必要であり、次にそれが利用されるためには、自分の身体に適正な栄養素を供給しなければならないのだ。

セロトニンが欠乏していたらどうすればよいのか？

人間の身体というのは大掛かりなフィードバック・メカニズムであり、私たちはセロトニンが欠乏していると感じたとき、過去に気分が良くなったことのある方法を試してみようとする。ただし「セロトニンが欠乏しているみたいだわ」といって近くの研究所に飛び込むわけではない。

だが、気分が落ち込んだり、感情的なエネルギーが低下していると感じたりしたとき、たとえ一時的であったとしても、突然、落ち込みから自分を救ってくれた「何か」をひどく欲していることに気づくのである。

平たく言えば、私たちは炭水化物を求めるのだ。私たちはパンやパスタを詰め込む。これはそういった食品が脳内のセロトニンの放出を促すからだ。私たちは意識してそうしているわけではないのだが、それらの食品を食べると気分がよくなることを知っている。同様に、砂糖、糖分を摂取できるキャンデー、ソーダ、パイ、ペストリーやアルコール飲料がほしくなる。セロトニンが欠乏している人の症状の一つは、パンやパスタ、甘いものを食べたがることなのだ。

当たり前だが、セロトニンの欠乏を補うために炭水化物を摂取し続ければ、長期的には健康に害が及ぶ。つまり、肥満や低血糖症、糖尿病や身体エネルギーの低下、気分のむらといった問題の発生である。

炭水化物を取り過ぎると、過食症や摂食障害などになることがある。さらに悪いことに、人々が消費する炭水化物では、その特性が奪われているので、セロトニンの欠乏には短期的な効果しかないのだ。長期的には、そのような食品を摂取すれば、体内のビタミンB群が枯渇し、トリプトファンやセロトニンの使用が妨げられる。結果として悪循環になってしまうわけだ。

セロトニンの欠乏を克服する別の方法として、刺激物を用いるというやり方がある。それによって、アドレナリンやベータエンドルフィンなど、ほかの脳内化学物質の放出が促され、うつ状態をまぎらわすのだ。

1　私たちがタバコを吸うのは、そうすることで私たちに刺激を与える副腎ホルモンの生成が促されるからだ。最近の研究によって、うつ状態にある人は喫煙によって精神状態が改善され、禁煙すると深刻なうつになる場合もあることが明らかになった。別の言い方をするならば、喫煙はうつ状態には治療効果があるということになる。

2　チョコレートを過剰摂取することもある。最近、チョコレートがかなり研究されているが、それはそのなかに含まれる化学成分に、うつ症状を改善するものが含まれているためだ。しかし、その効果は一時的なものであり、過剰に摂取すれば血糖値が高くなる。

3　私たちはひっきりなしにコーラとコーヒーを飲んでいる。これらの飲料に含まれるカフェインが副腎ホルモンを放出するよう刺激するからだ。

4 私たちがスポーツジムに通うのは、エクササイズをすることで、セロトニンの欠乏による悪影響に対処すると同時に、脳内でベータエンドルフィンという物質の放出を促すことで陽気になり、幸せを感じさせるからだ。これは前向きな方法の一つであるが、エクササイズが過剰になる可能性がある。

5 私たちはベータエンドルフィンの生成を刺激するような強迫観念的、常習的な行為に向かいがちだ。

すでにお分かりのように、トレーダーたちにとって、これらのやり方というのはきわめて非生産的である。むしろこれらは自分のキャリアの障害となりそうだ。しかもこうした破壊的行為に助けを求めていると、そのうちそれをやめようとしてもできないことに気づくだろう。なぜなら、その行動は意識してやっているわけではなく、理性や自制心に従った結果ではないからだ。

治療薬の摂取

製薬業界にとっては都合の良いことに、個人がより自然な療法にアクセスすることは制限されている。この製薬会社にとっての恩恵は、政府がトリプトファンについての見解の変更をためらう理由の一つかもしれない。製薬会社は、それを摂取することでシナプスに存在するセロトニンをモノアミンオキシダーゼ（ＭＡＯ）によって中和することを遅らせる、あるいは抑制する薬を開発した。

うつ症や気分障害を改善する新しい薬として最も人気があるのがセロトニン再取り込み阻害剤（ＳＳＲＩ）と呼ばれるものである。その効果は名前のとおりだ。つまりシナプスでセロトニンが再吸収されることを抑制することで、セロトニンの濃度を上げるのである。これらは一般的な市販薬として手に入るので、名前を挙げればすぐに分かるだろう。「プロザック」は間違いなく、そうした薬のなかで最も有名なものだ。

しかし、ここに問題が存在する。ある化学的な反応を阻止するために、別の化学物質が混入されるからだ。私たちはトリプトファンが適正量のセロトニンを生成し、それが中和される過程というのは非常に複雑なものであると理解している。反応に必要かつ適正なほかの化学物質が存在していなければ、単純にセロトニンを加えたり、その再吸収を止めたりして高水準のセロトニンを強制的に保つのでは、その過程をうまく進行させるには不十分なのだ。母なる自然をいじくりまわした結果、もたらされるのは、個人差があるとはいえ、穏やかなものから劇的なものまで、予測もつかぬような副作用なのである。

さらに複数の薬の摂取によって誘発されるほかの問題もある。最近まで、セロトニンを生成する薬と、セロトニンを抑制する薬を混用することで、身体に害を与えるようなひどい痛みが生じることについて、何も報告されていなかった。副作用に苦しむ人々は増えつつあり、インターネットではその症状が最新の話題として取り上げられている。

そのような問題があることを知らない医者は、症状に苦しむ人に対して、それは単に片頭痛か、心因性のものだろうという診断を下してしまう。しかし、未来永劫の結果とともに生きていくことになった不幸な人々が、世間に対し、こうした薬を混用してはならないと警告している。

選択肢

プロザックや類似薬に代わるものとして何を選ぶかは、その人の問題が何であるかによるだろう。そこで医者があなたに何が効くか実験するように、あなたも自分でいくつかのやり方を試してみる必要がある。それらを次に挙げてみよう。

1　食事でセロトニンを増やす。もし毎日の食事で、たんぱく質がひどく不足していたり（もしくは、たんぱく質が適正に消化されていなかったり）、ビタミンB群や抗酸化物質が不足していたりするのであれば、食事の内容を変えるだけで、自分の状態を改善できるかもしれない。

2　セントジョーンズワート。ドイツではこのハーブが長年にわたって処方され、多くの実験により、効果的であることが証明されている。なぜか？　それはセントジョーンズワートがセロトニンの生成を促進するからだ。
　また実験によってこのハーブの副作用は、たとえあるにしても極めて少ないことも明らかになった。最も注意してほしいのは、日光にさらしてはいけない点だ。

すばらしいことに、このハーブは近所のスーパーや健康食品店で購入できる。ただし、セントジョーンズワートを長期にわたって摂取することが有効であるかについてはまだ分かっていない。

3　5HTP――トリプトファンがセロトニンに変換する前に、5HTPという中間過程を経ることが分かっている。それには多くの人に欠乏している酵素が必要となる。健康食品店で買うことができる合成された5HTPは、トリプトファンやセントジョーンズワートなどの市販薬を服用するよりも多くの効果が期待できる（しかも摂取量も少なくて済む）。

残念ながら、この物質もトリプトファンから抽出されており、その製造過程で汚染されている可能性がないとはいえない。しかしグリフォニアという植物から抽出することもできるため、その場合は安全といえる。製造の過程で汚染されたという問題はかなり昔のことだ。しかし食料品店では、トリプトファンの悲劇の再発を恐れて、5HTPを販売しないのである。

幸い5HTPを供給する機関はまだ存在しており、代替療法の医者や良質の自然食品店を通じて入手できる。セントジョーンズワートのように「服用してから三時間以内は、効果が妨げられるのでビタミンB6の摂取をしないこと」というただし書きがついている場合もある。しかし、5HTPを健康食品店に買いにいく前に、栄養学について幅広い経験を持った医者か代替医療師に相談すべきである。

結論

トレーダーとしてのキャリアが成功するか否かは、その人物の精神的な幸福が大きく影響する。私たちの個人的な経験に由来するさまざまな心理上の問題に対処するうえで、助けとなるさまざまなリソースが世のなかには存在する。今、私たちは、脳の生化学的実態について学び、身体的なことが原因で精神に問題を抱えている場合、有効な解決方法を知った。

もちろん、私たちが必ずしもこうした薬を服用しなければならないわけではない。しかし、もし気分を変える薬の服用が必要な場合、少なくとも私たちは、それらの薬にどのような効果があり、それがなぜ効くかを理解している。さらに、人生で不快に感じる一面についても、私たちは新しい視点に立って考え、それが生化学的なところに原因があるかもしれないと知っており、適切に対処できることも分かった。

この世で「知が力」であれば、トレーダーにとって「知は金」だ。そしてセロトニンは黄金を生み出す鉱脈となる可能性があるのだ。

次章の「パート2」では、脳内にセロトニンを増加させることで心身の健康を増すためにできることを引き続き探っていきたい。さらには、心のバランスを崩す原因となっているほかの神経伝達物質についても検討しよう。また参考になる書籍や情報源を紹介したい。

第21章　トレーダーとセロトニン　パート2
TRADER AND SEROTONIN: PART 2

最近、私は「トレーダーとセロトニン　パート1」の記事を読んでその内容を実行したというジョンというトレーダーと話をする機会があった。ジョンは地元の薬局への買い物から戻ったばかりで、この買い物は彼の人生の転機になったという。

ジョンが客でごった返す薬局で待っている間、パソコン一台とレジ一台が故障し、処方について確認するために医者が呼び出され、保険会社が処方せんを拒否するなど、数えきれないほど多くのミスが生じたという。ようやくジョンに順番がまわってきたとき、彼はレジ係に一種類の処方せんを渡した。するとそのとき、一五もの処方せんを手にした女性が、彼よりもっと長く待っていたという理由で、列の順番を飛び越して、彼より先に処理されることになった。そして店で生じた技術的な問題によって、彼女の処方せんが一つひとつレジに記録されるのに丸一分が費やされたのである。この時点でジョンはもう一時間半も待たされていた。

もし数週間前に同じことが起きていたら、ジョンはレジの前に立つ時点で怒り心頭に発していたことだろう。そのうえ、一五もの処方せんを手にした女性に先を越されたものなら、彼の怒りは爆発していたと思う。店員や客、そして怒りを感じた人に対して、それをぶつけていたはずだ。

ところが、ジョンが私に語ってくれたことに、彼は笑顔で並びながら、魔法の小さな処方名「5HTP」とつぶやき続けていたという。5HTPは彼の人生をすっかり変えてしまったのである。彼の人生から怒りと、それに続くうつ状態が消えてしまった。さらに、つまらない陰口や、侮辱、攻撃に偏執的といえるほどこだわることもやめてしまったのである。

今や、彼はほぼ毎日よく眠り、エネルギーとやる気に満ち溢れた状態で目覚めるのだという。悲観的で否定的だった彼の気分もすっかり変わってしまった。自分の仕事のストレスにも沈着冷静に対処している。

「私は5HTPを摂取するようになってから、自分のセロトニンの濃度がいかに低かったか気づいたんだ」と、彼は私に言った。ジョンの妻も、子供たちも、飼い犬もそして同僚たちも彼の問題に、うすうす気づいていたようだ。しかし、周囲からのフィードバックに耳を傾けることが彼にはできなかったという。ちなみに、ジョンの

ブル、絶好調

トレードの成績は、長年のキャリアのなかでも最高の状態にある。

注意

もちろん、私は科学者でも医者でもない。前章と本章の内容は、私が調査し、経験に基づいた意見、そしてトレーダーやほかの分野の多くの人々と共に仕事をした結果でしかない点に留意してほしい。この問題については自分で本を読み、調査することをおすすめする。本章の最後に参考文献をいくつか挙げた。それ以外にも、インターネットで幅広く参考文献を探してほしい。

さらに重要なことは、自分や身近な人のうつ状態に対して自然治療、あるいは医薬品による治療が必要であると思うのであれば、その分野に造詣の深い人物に相談することである。必要とあらば、参考文献や記事を持っていって見せ、治療の相談相手になってもらうことをおすすめする。自己流の治療というのは、パラシュートをつけず宙に飛び出していくのと同じくらい危険だ。

前章ではトレーダーの公私両面での幸福に、いかにうつ状態やセロトニンの欠乏が影響するか紹介した。そこでは、脳内で神経伝達物質と呼ばれる小さな化学伝達物質が一つの神経から次の神経へとメッセージを伝達することについて簡単に説明した。気分を左右する主要な伝達物質は三つ。一つは、うつ状態を解消し、私たちを落ち着かせる働きをするセロトニンであり、残りの副腎髄質ホルモンとドーパミンは、刺激をつかさどる神経伝達物質である。

高い濃度のセロトニンもしくはセロトニン（そしてほかの神経伝達物質）の生成は、神経にメッセージを伝達し続けるために、あるいはうつになったり不安に陥ったりするのを防ぐために必要である。

セロトニンが欠乏して問題になっていると気づけば、それを修正したくなる。しかし身体のある部分の問題を解決するうえで気をつけなければならないのは、人体が非常に複雑であるということだ。一つのシンプルな反応というのは、何十億でないにせよ何百万というほかの場所で起きている化学反応の最終的な結果であるかもしれない。つまり、あるラインの末端で起きた症状を改善するということは、そこには直接的には関係のないあなたの身体のほかの部分で起きている反応に手を加えることを意味するわけだ。そんなことをすれば、問題は増幅しかねない。

プロザックなどの市販薬とその問題

セロトニンを中和する酵素（モノアミン）はモノアミンオキシダーゼと呼ばれる。この酵素によって大切なセロトニンがかき集められるのを食い止めるため、科学者たちはMAOI（モノアミンオキシダーゼ抑制剤）やSSRI（セロトニン再吸収阻害剤）と呼ばれる抑制剤を開発した。こうしたセロトニン中和抑制剤で最も有名なのがプロザックである。

一方、プロザックが出現したことで、パキシル、ゾロフト、エフェクサー、レメロン、ウェルブトリン、セレクサ、セルゾン、ルボックスなど、さまざまなセロトニン促進薬が開発されることになった。これらには同じような問題があるので、ひとまとめに考えるべきである。

なぜセロトニンのような無害の物質から問題が生じるのであろうか？　まず、人体に存在するセロトニンのうち、脳内に存在しているのはわずかに五％である事実を理解することが大切だ。残りは腸管、肝臓、血流、生殖器など、食物や血流、凝固、性機能の調律運動を制御する器官に分配される。人体のセロトニン量に影響を与えるものがあれば、それは脳内のセロトニンにのみ影響するわけではないのだ。

最も深刻な問題の多くは、セロトニンがほかの神経伝達物質とグループを成しているという事実から生じている。これらの物質は脳内で非常にデリケートな化学的バランスを共同で保っており、特にセロトニンとドーパミンは独立した、まるでシーソーのような関係にある。バランスがとれているとき、これら二つの物質量は同じなので、一方の量が増えれば、もう一方がそれだけ減るのだ。

セロトニン促進剤は文字どおり、通常よりもセロトニンの濃度を人工的に押し上げるものである。セロトニンの再吸収が自然に生じているとき、その過程は、なかなか消えないセロトニンが漂うのを防ぐことで、はっきりしたシグナルを維持している。ところが、もしそのプロセスが中断され、セロトニンがシナプスにとどまっていると、ほかの伝達物質の「代償反応」を誘発するような過剰な刺激を与える状態を作り出してしまうのだ。

その場合、ドーパミンの濃度が低下し、その結果、非常に深刻な合併症を引き起こす場合がある。セロトニン促進剤が市販されるようになったとき、これらの伝達物質の関係を理解していた人間は誰もいなかった。不幸にも、ドーパミンの反応によって深刻な結果がもたらされるのだ。それは一見何ごともないが進行性の脳障害であり、かなり重症になるまで、気づかないことが多い。

現在のところ、有効かつ長期的な監視政策が実施されていない。一般大衆がこうした市販薬の「被験者」としての役割を担っている状態だ。

1 生命の危機となる問題

●脳卒中

モノアミンオキシダーゼという酵素は、脳内のセロトニンをかき集める役割を果たすため、プロザックなどの薬はこれを抑制しようとする。ここで始めて指摘することだが、この酵素は肝臓や人体のほかの器官にも存在しているという事実がある。つまり、セロトニンの濃度を上げるという点で、脳内にあるこの酵素を抑制することがよいことであるとしても、それと同じことが肝臓やほかの臓器内で起これば、それは悪影響をもたらすことになるわけだ。

もしある臓器にモノアミンオキシダーゼが存在していなければ、副腎髄質ホルモンが血流に異常に放出される。すると血圧が突然、危険なレベルまで上昇し、脳卒中が引き起こされてしまう。

あいにく、食品のなかにもこのような反応を引き起こすものがある。古くなったチーズ、瓶入りもしくは樽から注ぐビール、アンチョビ、ソラマメ、肝臓、熟しすぎたバナナ、塩漬け肉、醤油、赤そして白ワイン（キャンティを除く）などだ。つまり、セロトニン促進剤を服用し始めたら、あなたは特別な食事をとるようにしなければならない。そうしなければ、その代償は高くつくことになる。

●自殺および殺人の衝動

このような反応が一般的に起きるわけではないが、これらの薬を服用したときの恐るべき副作用としてすでに実証済みである。あいにく、どのような人が服用すればこうした反応が起きるかを事前に知るすべはない。最初のころ、このような反応が起きる懸念は、まず製薬会社によって打ち消され、次に最初服用するときの処方量を少なくすることで対処してきた。しかし、危険性がある点に変わりはない。

2　チック、異常な動作

顔面チックや不随意の身体動作、反すう、舌を突き出すこと、舌なめずり、足を打ちつけること、筋けいれんやパーキンソニズム（極度の疲労、動作がにぶくなること、顔の動きが硬直し、次第に動けなくなるといったパーキンソン病の症状）が現れることが、これらの薬に共通して認められる副作用だ。これらのうち、時間が経過すれば消えるチック症状もあるが、服用をどれだけの期間継続したかによって、脳が恒久的に損傷されたことを示すような症状が残る場合もある。

六〇歳の場合、パーキンソン病に特徴的な脳の部位において、平均して四〇％の細胞が失われることが分かっており、一方、パーキンソン病患者の場合、その損傷率は八〇％である。もし、さらにプロザックを長期にわたって服用し、脳のこの部位における細胞がさらに失われたとしたら、その人物に対する長期的な予後診断はどうなるだろうか？　それがいかに危険であるかを示す証拠もいくつかある。

3　薬の相互作用

モノアミンオキシダーゼ抑止剤とセロトニン促進剤は、ほかの薬と非常に危険な状態でぶつかりあうことがある。また、セロトニンが過剰に生成される危険性があるので、二種類の抗うつ薬を混用することはできない。さらに、過剰摂取によって心拍が速くなったり、高血圧、活動亢進や発作が起きたりする可能性がある。食欲や咳を抑制する薬、充血除去剤、喘息やアレルギーの薬も服用してはならない。

依存性のあるコカインやメタンフェタミンやヘロインなど違法ドラッグも一緒に服用すると危険である。それらも脳内の神経伝達物質を促進し、ドーパミンのレベルを上げる作用があるからだ。新しい違法ドラッグであるエクスタシーもセロトニンの濃度を急激に増やす。

4　性的機能不全

プロザックを服用している患者の六〇～七五％が性的機能障害を経験し、性的不能、セックスへの関心の喪失、膣内の感覚消失、射精の退行、遅漏などの症状を訴えている。

5　記憶の喪失

ゾロフトを服用する患者に特徴的なのは、それがある種の記憶喪失を引き起こすことである。服用を止めると一般的に症状は消える。

6 体重のリバウンド

こうした薬を服用し始めて最初の一年間、多くの患者の体重は減る。しかし、それはまもなく急激にリバウンドすることが知られている。

7 薬への依存と「薄れる効果」

依存性薬物と同様、これらの薬も依存を引き起こす可能性があり、一方でその効果は「薄くなる」。同じ効果を得るためには徐々に摂取量を増やしていかなければならない。

8 禁断症状

多くの依存性薬物と同様、セロトニン促進剤は、危険な禁断症状を引き起こす。それには一般的にいって次の項目が含まれる。

●全身を貫く電撃的なショック――それは非常に強力で危険である。
●目まい、ぐるぐる回るような感覚、視覚障害。
●睡眠障害。
●吐き気や悪心などの胃腸障害。
●流行性感冒に類似した症状。
●怒りやかんしゃくを爆発させること、物を叩き壊す、壁を殴打するなど。
●自殺もしくは殺人といった反応。
●その他の副作用、不眠症、目まい、便秘、心拍が速い、血圧が低すぎるか高すぎるといった症状。

SAM―e……まさかの友は真の友

最も新しく、そして恐らくは最も効果があり、うつ症状に対する自然治療のなかでは最も即効性のあるのがＳＡＭ―ｅと呼ばれる物質である。欧州ではすでに一九八〇年代の初めに知られていたが、その特許を持つイタリアのKnoll Spa社が米国市場に参入したのは一九九八年になってからだった。そして同社の親会社のＢＡＳＦが米国の三社にＳＡＭ－ｅを米国で販売する許可を与えたのが一九九九年のことだった。

米国では一九九四年に栄養補助食品健康・教育法が施行され、広範な薬物実験を経たものでなくても、一般の人々がハーブや自然食品を手に入れることができるようになり、米国の自然食品店などで、だれでもＳＡＭ－ｅを買えるようになった。欧州では医師の処方がなければ入手することはできない。

ＳＡＭ－ｅとは何か？

ＳＡＭ－ｅ（Ｓアデノシルメチオニン）とは人体で自然に生成される物質であり、それは加齢と共に生成量が減る。ほとんどの細胞内に存在し、人体で行われる無数の生命過程に不可欠なものである。

ＳＡＭ－ｅはアミノ酸メチオニンとアデノシン三リン酸（ＡＴＰ）が結合することにより生み出される。こうした化合物はエネルギーの生成と、メチル化および硫黄転換作用と呼ばれる過程に必要不可欠なものだ。

メチル化の過程は脳に深い影響を与える。そしてＳＡＭ－ｅの最も重要な役割とはメチル化の水準を改善、増加させることにある。

メチル化はセロトニンやほかの神経伝達物質からの化学メッセージの伝達を促進するため気分を改善してくれる。さらにメチル化はアセチコリンという、人を元気づけ、情報を保つ働きをする神経伝達物質の生成を助けてくれる。またメチル化によって神経細胞の壁は柔軟になり、浸透性を得て、神経メッセージが入りこむことができるようにもなる。

ＳＡＭ－ｅは、このようにメチル化で重要な役割を果たすため、ＭＡＯＩやＳＳＲＩなどで効果が現れ始めるのに三週間もかかるのに対し、うつ状態に迅速に対処できるのである。特筆すべきは、硫黄転換作用を通じて、ＳＡＭ－ｅが目の水晶体を守り、肝臓を解毒する作用を持つ強力な抗酸化物質やグルタチオンの前駆体としての役割を果たすことができる点だ。この重要な過程が正しく作用するためには、ビタミンＢ６の存在が不可欠である。

また、身体のさまざまな化学反応の副産物として、ＳＡＭ－ｅはホモシステイン（過剰になれば心臓病を引き起こす化合物）に変化する。ＳＡＭ－ｅはホモシステインを生成するが、それが身体に有害となるような形では行われない。その代わり、それは迂回し、再メチル化を通じてホモシステインをメチオニンへと戻すことによって、それを除去する過程で刺激を与える。

しかし、再メチル化の過程では、ＳＡＭ－ｅだけではなく、二つのビタミンＢ、つまり葉酸とビタミンＢ12が必要となる。おもしろいことに、うつ状態にある人々の体内では、これらのビタミンＢの濃度が低いという傾向がある。しかし、ビタミンＢとアミノ酸メチオニンを摂取することはメチル化を促進することにはならないようだ。ＳＡＭ－ｅを摂取することだけが明白な効果を持っているとみられている。

ＳＡＭ－ｅ摂取による機能上のメリットとは？

① 第一にＳＡＭ－ｅは、セロトニンなどの神経伝達物質が、より自由に動くことを可能にすることで、うつ状態を効果的かつ急速に改善する。

② メチル化と硫黄転換作用の過程で細胞膜を保護する。

③ 関節炎に対して有効で、安全な治療法である。ＳＡＭ－ｅは体内でグルコサミン硫酸塩とコンドロイチンという物質の生成を助ける。これらの物質は、関節でショックを吸収する細胞を生成することで知られている。四〇代になると身体で自然に生成される化合物の濃度が下がり、その低下によって、苦痛を伴う関節炎の症状が現れる。

④ 複雑な化学反応に働きかけることで、DNAをコントロールする。
⑤ 深酒と肝炎によって損なわれた肝臓の修復に役立つ。
⑥ パーキンソン病とアルツハイマー病にも効果があるようだ。
⑦ 目の水晶体を保護する。
⑧ 炎症を減少させる。

SAM—e摂取による副次的な利点とは？

① 副作用があまりない。MAOIやSSRIのように、頭痛、口腔内のかわき、ぼんやり、不安、不眠といった軽度ではあるが不快な副作用や、性機能不全、極度に低い（もしくは高い）血圧、自分の意思とは無関係の体重の増減といった、かなり重大な副作用がない。
② 処方箋を必要としない。
③ 最も良い薬の二倍速く、セント・ジョンズ・ワートの六倍は速いといわれる即効性がある。
④ 自分が望むだけそれを服用できる。

ＳＡＭ－ｅ摂取に関して知っておくべき重要な点

どのような人が摂取すべきか？

●気分が落ち込み、エネルギーが低く、ほかの治療では効果がなく、即座に症状を改善したい人。

●老人。

●関節炎を患っている人。

●長期的にうつ状態にあり、長期療養が必要な人。

●アルコール依存症患者と肝疾患の患者……これまでの生活であまりに多くのアルコールを消費した人の体内では、明らかにＳＡＭ－ｅが欠乏しており、またメチオニンをＳＡＭ－ｅに変える酵素も不足している。

●より自然な治療方法を探している人。

それを摂取してはいけないのは、どのような人か？

●躁うつ病患者。こうした人がＳＡＭ－ｅを摂取すれば、躁病的な行動に駆り立てられることになる。

●パニック障害、不安障害がある人。SAM－eの摂取によって心拍数が上昇しその結果パニックに陥ることになる。
●現在MAO抑制剤かSSRIを服用している人。これらの薬の体内での作用が終了するまでには数週間かかる。服用を止めるには、医師の監視の下に行われなければならない。

どのようにしてSAM－eを購入するか？

●SAM－eの価格は、それをどこで買うかによって、一錠あたり八七セント～二・七一ドルという幅がある。何軒かの店を見て回るのがよい。
●購入しようとする製品の販売元が良いものであるか確認すべきである。もしKnoll Spa認可の販売元以外から購入する場合、ナンシー・ステドマン著『The SAM-e Handbook』（二〇〇〇年・スリーリバーズプレス刊）で確認すること。
●知り合いの栄養学の専門家に評判の良いブランドが何か問い合わせること。「Nature Made」「GNC」「Nutralife」「Solgar」などがある。

ストレスとセロトニン

私たちは絶えず、健康へのストレスと、その影響に戻っているように思う。例えば、うつとセロトニンの濃度について言えば、セロトニンの問題が、うつ状態の原因を追究する通過点にすぎないことを示す新たな証拠がある。たしかに、人によっては、その問題が単に脳内でのセロトニンの濃度を維持するのに必要な酵素に欠けているにすぎない場合がある。しかし、多くのうつに苦しむ人々にとって、問題を深くしている原因がストレスにあると確信するだけの理由がある。

つまり、うつの根本原因はストレスであり、セロトニンやほかの神経伝達物質は副因であるかもしれないのだ。こう考える理由の一つは、これらの神経伝達物質の濃度が気分の変化に即座に反映されることなく、上下することにある。

研究によると、うつ状態にある人々は、血液中の副腎ストレス・ホルモン・コルチゾールの濃度が高くなる傾向があるという。その結果、ストレスがかかった状態が続くことになる。さらに、うつに苦しむ人々の三分の一に副腎の肥大が認められるとのことだ。

こうした状態からストレスの連鎖反応が引き起こされる。私たちが、ストレスが多いと感じる状態だ。脳では、視床下部が、メッセージを脳下垂体に送ることによって、この刺激に反応する。このメッセージはＣＲＨ（コルチコトロピン放出ホルモン）と呼ばれるホルモンの形で送られ、それは副腎へのメッセージとして伝わる。副腎は、ストレス・ホルモン・アドレナリンかエピネフリンを放出し、その結果「闘争か逃走か」という交感神経が興奮した状態になる。

血流にコルチゾールが継続的に存在することで、セロトニンの受容体、またはセロトニンの生成と再吸収の過程に必要な酵素に対し、何らかの形で害を与える可能性があるのではないだろうか？　コルチゾールの存在が脳の記憶を妨げることはすでに知られている。ひどく不快な出来事を経験した人々が、特にそれが長い間持続したものであった場合、永久に記憶を失ってしまうことがあるのだ。

古くからの万能薬

ストレスの引き金となるのが、ただ一度の不愉快な出来事である場合もある。しかし対処しようがない日々のストレスによって、私たちは長期的に副腎が緊張した状態におかれることになる。いかなる薬を服用したとしても、必ずさまざまな別の問題が起きてしまう。

ストレスを減らすことのできる、唯一の実行可能で、健康的な方法は瞑想だ。ハーバード大学の医師たちが著書『リラクゼーション・レスポンス(Relaxation Response)』のなかでそれを提唱している。科学的な研究の結果、瞑想には「闘争か逃走か」という反応を減少させたり、除去したりする効果があると分かっている。

この研究は、瞑想が血圧を下げ、心臓病を減少させることを示すために行われた。だが、東洋では何千年もの間、これが実施されている。瞑想が正しく実践されれば、人々の気分と心の健康に効果をもたらすことが明らかになっている。

バランスのとれた人生

SAM―eが体内で重大な作用を果たすために三つのビタミンB、すなわちB6、葉酸、およびB12が不可欠であるという事実は興味深い。ストレスが身体に生じ、副腎が副腎ホルモンを作り出さなければならないとき、ホルモンを生成するためにビタミンCに加えてB6、B2、およびパントテン酸が必要となるからだ。
ストレスが続けば、身体にあるこれらのビタミンが奪われることになる。ところが、アルコール、砂糖、および白小麦を摂取すると、B6、B2、パントテン酸、チアミン、ナイアシンなどのビタミンBの大部分が枯渇してしまう。そのため、良好な栄養状態を保つことが、MAOIやプロザックとして知られるSSRIと同じくらい、うつ病の治療には効果があるという。

四〇年前、アデル・デイビスは、栄養学についての著書を書き始め、その視点からうつに関する科学的考察をした。彼女はビタミンBと魚油に富んだ食物の重要性を説いており、現在では、その主張が最先端をいくものと認識されつつある。

魚と魚油のなかに存在するオメガ3脂肪酸は、脳内のセロトニンの濃度を抑制する役割を果たすことで知られている。日常的に魚を食べる国では、重度のうつ症状と産後抑うつ症を患う人の割合が少ない。オメガ3脂肪酸は、膜の形を変えることによって、それが神経伝達物質と結びつきやすくすることを促し、脳のシナプスの信号に影響を与えるのだ。

前章で運動の効能について少し触れたのを思い出してほしい。ここで再度、運動がうつ症状に対処する健康的な方法であることについて言及しよう。例えば、よく知られている現象である「ランナーズハイ」は、落ち込んだ精神を高揚させることができるものだ。定期的な運動は身体面での健康に役立つものであると同様に、心の健康にも必要なのである。トレッドミル（編注　ランニングマシーン）で九〇分間運動することで、脳のセロトニン濃度は倍増するのだ！

また、バランスのとれた人生には、芸術など自分の環境を楽しむことも含まれる。音楽療法の概念を最初に開発したのは古代ギリシャ人だ。音楽は脳の辺縁系において知覚される。それによってエンドルフィンが放出されるので、うつ症状に対処し、喜びの感覚を生み出すことができる。アイソムーディック法は、現在の気分に聞く音楽を合わせ、そこから徐々に自分が望む気分に合う音楽へと移行させて、うつ症状を軽減しようとするものだ。

最後に、睡眠とルーティン維持について述べておきたいことがある。研究によると毎日、同じ時間に眠り、同じ時間に目をさますことは、心の健康に良い影響を与えるそうだ。自分が遅い時間に眠る宵っ張りか、早く眠る必要がある早起きの人か把握したら、自分の日課を守らなければならない。その規律が混乱すると、うつや気分の浮き沈みが激しくなりかねない。

参考図書

セロトニンとうつに関して次の本を推薦したいと思う。それぞれに貴重な情報が含まれている。

1. Syd Baumel 『Dealing with Depression Naturally: Complementary and Alternative Therapies for Restoring Emotional Health』（代替療法についてのすぐれた概説）

2. Syd Baumel 『Serotonin』（セロトニンについて知りたいことのすべてが分かる）

3. Joseph Glenmullen, M.D. 『Prozac Backlash: Overcoming the Dangers of Prozac, Zoloft, Paxil, and other Antidepressants with Safe, Effective Alternatives』（この本を読んだ後ではセロトニン促進剤を服用できなくなるだろう）

4. Candace B. Pert, Ph.D. 『Molecules of Emotion: the Science behind Mind-Body

Medicine』（この本には心身療養センターの幅広いリストが掲載されている）

5. Robert Arnot, M.D. 『The Biology of Success』（この本には特定の自然療法、セルフテスト、リソースが豊富に紹介されている）

6. Nancy Stedman 『The SAM-e Handbook: The Fast, Natural Way to Overcome Depression, Relieve the Pain of Arthritis, Alleviate the Discomfort of Fibromyalgia, and Boost Your Energy』（ＳＡＭ－ｅについて知りたいことのすべて、そしてどうやってＳＡＭ－ｅ入手できるかが書いてある）

結論

私たちはトレーダーにとって非常に重要な問題の表面に触れたにすぎない。今この瞬間にも、世界中の科学者や医学界の人々は、私たちの感情の生化学についての革命的ともいえる情報と、その情報を私たちがうつと不安の症状を軽減するためにいかに利用できるかを明らかにしつつあるのだ。

「気分」は脳内と身体において共に微妙なバランスを保ちながら作用しており、特定の神経伝達物質の濃度によって影響を受けるということが分かっている。気分が良くなり、より良い考えで、相場でのパフォーマンスをより良くするために、私たちは自分を大切にし、自分自身を教育する一方で、最も安全で、最も自然で、最も健康的な「心身」の幸福を高めるための方法を探すべきなのだ。

第22章　注意散漫に対処する
DEALING WITH DISTRACTIONS

投資家やトレーダーがリスクの伴う重要な決定を下すためには、目前の重要な仕事に集中できる能力がなければならない。集中するためには、自分だけ、自分のルール、そして売買機会に集中できる平穏な環境が必要だ。これは簡単に思われる。ところが、二一世紀の今日、私たちの生活には、郵便受け、テレビ、携帯電話を通して注意を散漫にさせるものが刻一刻と無数に入り込んでくる。そしてもちろん「メールが届きました」と告げるものが、インターネットを通じて運ばれてくるのだ。

このように混沌とした状況に取り囲まれたなかで、私たちが知的で有益な決定を下すことは奇跡ともいえるほど困難に思える。この問題では、自宅で働いている投資家やトレーダーのほうが、大半の場合、自宅とは別の仕事場で仕事をしている人たちよりも状況は悪い。私が「注意散漫となる五つの最も一般的な状況」と、その対処法を述べる理由もここにある。

集中できない最大の原因

投資やトレードで確固たる判断を妨げる最大の妨害は「雑念」にある。もちろん、このような妨害は仕事場にもある。しかし、慣れた環境で仕事をしていたり、つい自分の人生の問題について考えてしまうようなきっかけに取り囲まれていたりすると、妨げられる可能性は高まる。ここでいう「雑念」とは、自分が感じ、自分が行動し、周りで起こっているすべてを解釈する自分の頭のなかの声を意味する。

ポジティブな雑念もある。例えば「これは本当に良い決断だったなあ」といったものだ。逆にネガティブなものもある。「何て馬鹿なんだ?」

誰かが自分に話しかけている間、雑念は一分あたり約一二五単語のスピードで進行する。しかし、周囲が沈黙すれば、雑念は一分あたり最大四〇〇単語という速さにまで達する。雑念にふけているとき、多くの感情があふれてくるのであれば、それは集中力がひどく妨げられているのだ。

マネーマネジャーと共同で投資をしていると想像してみよう。彼の雑念を聞くことができて、彼が「多分、このトレードは待つべきだろう。自分に不利に動いて、このトレードで含み損が出るかもしれない。押し目があるはずだ!」と言っていたらどうだろう。このような人に自分のお金を任せたいと思うであろうか？　とんでもない、こんな考え方をするマネーマネジャーであると分かったら、資金をすぐさま引き上げようとすることだろう。

だが実際のところ、このように考えるマネーマネジャーに投資をまかせてしまっている。他ならない、自分だ。

もし、自分がネガティブな考えで、自己矛盾するような雑念にふけているとき、それは確固たる判断をする妨げとなる。成功という、より大きな視野を持たなければ、トレードや投資で利益を生み出すことはできない。この大きな視野とはポジティブな考えと行為に自分を向かわせる原動力となる。目標に達する途上で一度や二度の失敗を経験するかもしれない。しかし、もし行動を妨げるような考えにふけっていたら、あなたはこの勝負でけっして勝つことができないのだ。

雑念に対処する

自分が何を思っているか、そしていつ思っているかに注意してみよう。例えば……

●自分はどんなことを考えてしまうのか？　「うーん、チャンスかもしれないけどダマシのシグナルでは？　少し待ってみよう……」「前にやっておけばよかった。多分、遅すぎるだろう……」「いや、まだ間に合う。だが、反転したらどうしよう？次の機会を待つほうがよい……」「ああ、やっておけばよかった。六〇〇〇ドルを稼げたかもしれないのに……」
●自分はいつ、そのような考えにかられてしまうのだろうか？　朝起きて最初にそうなのか、あるいは日中、時間がもう少し経ってからなのか？
●自分はリスクに自信を持っているか？

雑念に対処するための戦略

【戦略1】　収益機会ですべて仕掛けた場合、結果はどうなるだろうか？　結果がポジティブであれば、多くの優れた手法が少なくともその半分は失敗するものであることを念頭に、自分にこう言い聞かせてみる。
↓　「自分の手法が提供するすべての機会が自分を勝利に導いてくれる」
↓　利益を出せると確信できない場合「戦略2」に進む。

【戦略2】　最良と思われる売買機会の五〇％にしか賭けなかった場合、結果はどうなるだろうか？　結果がポジティブであれば、自分にこう言い聞かせてみる（何％でもかまわない）。
↓「自分は売買機会の〇〇％にかけることに自信を持っている。自分が収益を出す可能性が自分に有利だと予測しているからだ」
↓　自分の分析が収益性のある結果ではなかった場合、振り出しに戻って、自分のやり方を考え直そう。

【戦略3】　ネガティブな雑念にかられてしまうのが主に朝であるなら、前日の夜もしくは早朝に、もっと準備をしておく必要がある。売買シグナルをポジティブな思考の結果として受け取るような筋書きで、心の中で稽古をするのだ。ちなみに、低調な副腎機能が、適切な睡眠を妨げ、疲労困憊させ、希望を持てぬ状態で朝を迎えさせる原因になっている可能性がある。

【戦略4】　ネガティブな雑念が日中の後半に起こるのであれば、自分は疲れていて、神経が間違った選択をしないよう防いでくれているのかもしれない。仮眠をとる

ナイフ投げをするブル

か、または瞑想の時間をとって、心身のリフレッシュを心がけよう。

【戦略5】 自分は売買機会を前にして、どれくらいのリスクを取れるか？ 自分はリスクを取ることに自信があるか？

その投資が利益を生み出す可能性について、自分はどう感じるかに基づいてリスクを調整したいと思うかもしれない。どのようなリスクを選択するのであっても、それらはあらかじめ決められた基準に基づいていなければならない。そこで重要なのが一貫性だ。一貫性は自分の売買機会の基準を改善する基盤となる。

ネガティブな雑念というのは、自分が取っているリスクに安心できないとき自分自身を守ろうとするやり方だ。リスクに対処できないなら、それができる別の人間にお金を預ける、コーチを雇うか、または投資をあきらめることだ。

しかし、電話は鳴っている！

人生で起こっている何にもまして、電話が鳴ればそれを即座に優先させ、応答してしまうことに気づいているだろうか？　しかし、それほどまでして応答するに値する重要な電話が何本あるだろうか？　それほど多くないはずだ。

お金に関する重要な決定をするよりも電話に出ることを優先させるべきだろうか？　何か緊急の用件ではなさそうなのに、電話勧誘の営業マン、親類、友人、仲間からの電話で邪魔されることを多くの人が不満に思いながら、それに即座に応答している、という事実は興味深い。

電話に対処するための戦略

これらの改善点は当たり前すぎるかもしれない。しかし変化させるためには指摘しておかなければならない。

①　留守番電話で呼び出しを遮断する。
②　緊急の用件以外、一日のある特定の時間帯には電話をしないよう人々に頼む。
③　二つの電話番号を使う。
●最初の番号は、電話勧誘の営業マンを含め、すべての人がアクセスできる。

●二つ目の番号は、自分が必要とし、または連絡してほしいと望み、自分のスケジュールに気を使ってくれる人たち用のものだ。もし電話勧誘の営業マンが、この番号にかけてきた場合、通常カチッという音か、それに類似した雑音が背後で聞こえるはずだ。その場合「セールスはお断りですよ」と言うか、単に電話を切ればよい。彼らは、機械的に無差別に電話をかけているので、すぐに別の電話番号に切り替わる。

④ ほかの誰かに呼び出しを遮断してもらうよう手配する。

たった一〇分

自分の配偶者が店、学校、または隣人の家へと急ぐ。そして鍵をがちゃがちゃいわせながら、玄関で「あなた、一〇分間この子を見ていてくれない？」「あなた、ビールを買ってこなくちゃならないから、一〇分間お客さんたちの相手をしていてくれない？」と叫ぶ。

「一〇分間」という頼みごとをされると、そんなときにかぎって売買機会があるのだと感じる。そして、めったに一〇分で済むことはない。結局「仕事らしい仕事をしているわけではないのに、たかだか一〇分、誰かを手伝うなど、たいしたことではないではないか?」というのが、自宅で仕事をするトレーダーや投資家に対する、多くの家人の見方なのである。

次に挙げるのは、先ほどの事例以外で一〇分間の妨害となりかねないことだ。きっと思い当たることがあるだろう。

- 母親が挨拶に立ち寄る。
- 子供が宿題で聞きたいことがあるという。
- 猫が愛嬌をふりまく。
- 夫がキスをほしがる。
- 娘が午前中、孫の「子守り」をしてもらいたいとやってくる。

ここに挙げたことすべてが、投資判断という仕事の合間に小休止する、もっともな理由になるといえるだろうか?

一〇分間の邪魔に対処する方法

①　生活のなかで邪魔をする可能性のある人たちと話し合いの機会を持つ。
②　その人たちに自分の目標を告げ、どのような面で協力してもらいたいか話す。
③　中断されることに対する対処法を確立する。緊急の場合以外、仕事中に邪魔されたくないことを知らせるサインを扉に掲げる。
④　もしドアを開けておきたいのであれば、自分がその人たちといつ話す時間を持てるか、または自分がどれだけ忙しいかを手で合図するやり方を決めておく。
⑤　自分のやり方に従うことを支持してくれる人々に報いるようにしよう。例えば、後で特別に時間をとったり、週末にその人たちのお気に入りのピザレストランで特別の夕食をとったりする。その人たちの協力に自分が感謝していることをひんぱんに伝えること。

事情通

相場で稼いでいる思われる権威たちの予測、提案、ヒント、発表が、四六時中、テレビ、パソコン、そしてメールを通して伝えられている。どうしてそれらを無視できようか？　彼らは、助け、導き、最良のアドバイスを与えようとしているのだ。結局、彼らから自分よりも多くの知識と優れた技術を入手できる。彼らのアドバイスを無視できるような立場にいるのだろうか？　自分一人で決定できるだろうか？

いわゆる専門家に対処する方法

① メールやテレビを通じて受け取るものや、そのほかの外部からの影響によって、自分が脱線しかねないのであれば、それらは一日の最後に確認するようにするか、できるだけそうした影響を避けるようにしよう。

② こうした外部の情報を使う必要があれば、誰かにそれを仕分けてもらい、自分に必要で、欲しいと思うものだけに目を通すようにする。

③ 自分が信頼するその分野の権威の忠告を受け入れるのであれば、そのアドバイスは自分が選択するときの評価基準に適しているか考えよう。最終的に判断するのは自分であり、その結果に責任を負うのは自分であることを忘れてはならない。

周囲からの誘惑

冷蔵庫が呼んでいないだろうか？　掃除やみんなの計画に自分がかかわる必要があるだろうか？　ほかの用事はどうだろう？　輝く太陽が自分をゴルフコースに誘っているのではないか？

自分が退屈していて、不幸で、自分に自信が持てないとき、こうしたあらゆるものを投資やトレードよりも優先してしまうのである。

周囲の誘惑に対処するための戦略

① まず、ビジネス計画が必要だ！

② 次に、生活上のすべての活動を計画的に行う毎月のプランを持つ。活動のすべてに注意を払うようにしよう。できるだけプランどおりに実行することが重要である。自分が計画どおりに実行すればするほど、自分の神経系統も周りの人々も、自分に協力してくれる。

お金を稼ぐ過程を楽しむことができないならば、それを楽しむための戦略を開発するか、またはそれをあきらめるべきだ。さもなければ、自分で自分の努力を妨害することになる。

結論

目の前にある仕事から注意をそらしてしまうような無数の雑用に、あなたはすべてかかわることもできる。しかし、私がリストアップしたガイドラインに従って、自分の仕事を妨害しかねない可能性に計画的に対処すれば、そういったことに効果的に対処できるだけでなく、自分自身も管理できるようになる。このエクササイズは最高峰の投資家やトレーダーになるのに必要な規律を身につけるうえで有益といえるのだ。

第23章　トレーダーが人間工学に関して知るべきこと
WHAT A TRADER MUST KNOW ABOUT ERGONOMICS

トレードは際限なく妨害されるのか？

システムに従うトレーダーとしてかなり一貫しており、バランスの取れた生活を保ち、実に仕事を楽しんでいる。かつては仕事の邪魔になりそうなものもあったが、今はない。ところが、はっきりした理由もなく、不合理な決定をするようになってきた……。実は兆候はある。ただ、自分は認識していないのだ。では、その新たな兆候とは何なのだろうか？

ママは「人間工学」について教えてくれなかった

夜、パソコンの電源を落とし、高価な椅子を机の下に収めて立ち上がろうとしたとき、実年齢よりも一〇歳も年をとったと感じたことはないだろうか？　肩と首が痛み、腿はしびれ、背中の下が固く凝って、痛む……。その瞬間は、こうした兆候にただいらつくだけで済ますかもしれない。しかし、放っておけば、そうした症状は、ほぼ確実に悪化する。そこで助けとなるのが「人間工学」なのだ。

米労働省によると、人間工学とは「仕事についての研究」であり、広義では「労働者に合うように仕事を設計する科学」であるという。このことが世間の注目を浴びたのは一九七〇年代のことだ。そのころ米職業安全衛生管理局が、従業員のなかで筋骨格系に異常を訴える者の数の急増した会社を召喚し始めたのがきっかけだった。

この学問は心理学から労使関係に至る幅広い分野を網羅している。トレーダーは、主にその健康科学と工学的側面からのデータを自分自身に関連づけて考える必要があるだろう。

筋骨格系障害は、組織と神経系の傷もしくは障害のことである。これらの組織には筋肉、腱、靭帯、関節、軟骨が含まれている。こうした筋肉、神経、腱の傷の多くは反復運動過多損傷（ＲＳＩ）によるものである。この炎症は、その行為自体は無害であるものの、その行為を反復した結果もたらされるものだ。また、筋骨格系障害には、ほかにも痺れによる関節のこわばり、筋肉喪失、長期的に続く痛み、また麻痺に至る症状などがある。人間工学にかなった働き方をしていないトレーダーほど、これらの症状に悩まされる傾向があるようだ。

トレーダーという仕事と環境にはつきものの潜在的な弊害がある。例えば、不適切なキーボードの配置や操作がカーパルトンネル症候群（編注　突き刺すような指の痛みやしびれ）の原因になることがある。それは手、手首、アキレス腱のうずき、麻痺、激痛、および筋力の喪失や腱の炎症の結果として起きる指や手首の痛みとはれなどの症状だ。マウスを使っての反復運動から人差し指に炎症が起き、指を引いたり動かしたりという動作が困難になることがある。

背中の痛みには、米国人の一〇人に八人が悩まされている。人間の背骨はそれほど進化しなかったため、私たちの腰はもともと問題が起きやすい構造になっているのだ。人間工学的に望ましくない状態のうえに、トレードのストレスが加われば、さらに腰痛が起きやすくなる。正しくない姿勢で座っているために背骨が曲がり、腰の筋肉が丸めている。すると、ちょっとねじった瞬間、いとも簡単に「ぎくっ！」ときてしまうのである。

腰を痛め、動けなくなり、腰がひどくまがってしまう。痛めた部位は背中の片側、または両側に及んでいるかもしれず、けいれんで一晩中眠れなくなる。通常、医者の診断は「一～三日間、完全にベッドのうえで過ごすように」というものだ。ところが得てしてトレーダーは、痛みをこらえ、鎮痛剤をがぶ飲みしつつ「なぜこんなことでトレードを邪魔されるんだろう？」と考えながら、仕事を続けるのである。

過去と現在を調べる

トレーダーは、ぎっくり腰などの潜在的な問題が悪化するのを防ぐため、時には人間工学的な観点から対処する必要がある。体重の増加、長時間労働およびストレスの増加で、かつては適切だった仕事場の仕様が、症状を悪化させる原因となりかねない。このような状態で、トレーダーは、どうすれば自分の仕事場が自分を傷つけるのではなく、自分に有効となるか考えなければならない。

例えば、ぎっくり腰については、それが決定的に悪化するかなり前の段階で対処する必要がある。ぎっくり腰を患ったことのある人であれば分かるだろう。悪化すれば、そのしつこい痛みから逃れるため、手術やさらに極端な手段に頼らなければならなくなる。

椅子に沈みこんだ状態で仕事をしているトレーダーは、画面に向かう頭とキーボードに向かう腕の角度が変になっており、無意識のうちに肩の筋肉と首を痛める格好をとっている。この状態は痛みや凝りを引き起こす可能性がある。通常であれば湿気と熱によって緩和できるのだが、ときには激痛やけいれんを引き起こし、仕事ができなくなるほど悪化することがある。こうした兆候を無視すると、症状はさらに悪化し、より深刻で慢性的な肩の腱炎か滑液包炎へと発展することもあるのだ。

さらに人間工学の無視は、脚にも損傷を起こす可能性がある。不適切な格好で床に足を置けば、血流が妨げられ、それは筋肉や腱を損なうことになるのだ。片方の足が麻痺、筋力の低下、うずく場合、それは座骨神経痛と呼ばれ、腰の下側の神経が挟まれた状態になることから引き起こされる。脚の麻痺は重病の兆候である場合があり、いつまでも続くようなら、無視してはいけない。

もし、こうした症状のいずれかに悩まされており、そして自分の仕事場が原因であるかもしれないと考えるなら、仕事場のレイアウトを修正する必要がある。まず、戸口に立ち、部屋のなかを見回してみよう。部屋全体が自分にとって快適に見えるだろうか。机の配置を考える場合、外からの光が差し込むようであってほしい。作業場が散らかっていたり、陰気な雰囲気であったりしてはならない。窓の外に緑が見えない

ブルのいすがぺしゃんこに

のであれば、作業領域の端に、手がかからず、わずかな日射量でも成育する植物を置くことで、正しいバランスを作り出せる。

適した椅子があるか？

家具を動かしたら、次は自分の椅子が人間工学的に適正か評価してみよう。椅子を売ったあの営業マンは、附随した機能のほかに人間工学について何か言及しただろうか？　座り心地が良かったからそれを買ったのであれば、今度は付加機能について調べてみるべきだ。

理想的なのは、仕事場の床がフローリングかカーペットかに応じて設計されたキャスター付きの五本脚の椅子である。基盤が安定している。さもなければ、座っている間に定位置から転がしてしまったり、立ち上がろうとしたときにカーペットのわだちにはまって、力まかせに押し出さなければならなくなったりすることがある。

椅子の高さと傾斜を調整する機能があることも重要だ。座席底面の先端から床までの高さを約四〇～五〇センチで動かせるのが望ましい。自分の身長が平均より高いか低いによって、調整の幅を広げる必要があるかもしれない。すでに椅子があるなら、まずはキーボードが肘の高さにくるように調整してみよう。できれば座席底面には、前方と後方に約一〇度傾けられる調整機能がついているとよい。もし調節できるのであれば、座席底面をわずかに前方に傾けて、背骨にかかる圧力を腿と足に移動させるようにする。ほかにも人間工学的に適切とされる特徴がある。

1　座席前部のふちがカーブになった「ウォーターフォール」効果で、腿が不自然に上がることを防ぐ。

2　高さ、前方と後方の傾斜を調整できる背もたれがある。背もたれが腰のところを調節できるものであることが重要だ。

3　自在に回転させられ、作業場所の脇に姿勢を簡単に向けられるようでなければならない。

4　ほかの調節機能を邪魔したり、机に近付けたりしても邪魔にならない、完全に調整可能で、パッドつきのアームレストがある。

机の高さを調整する

机は高さを調整できることが望ましい。そうであれば、椅子を調整するときに机の高さを調整しておく。椅子と机の間は、前腕が床に平行になるように、机の表面に対して肘が適切な角度を保てるよう調整する。指がキーボードと同じ高さにあることが望ましい。

椅子や机に問題があり、調整不可能であれば、そしてほかの解決法がないのであれば、どちらか一方を取り替えなければならないかもしれない。アジャスタブル・キーボードがあれば便利なときもある。

モニターをモニターする

ギラギラと眩しい光、ハイコントラスト、反射、点滅する光、ほこりは、画面の見やすさや仕事の効率を妨げる。眩しく反射する光は画面の見やすさを妨げるので、何としても解決されなければならない。窓に直角に対するようスクリーンの位置を調整してみよう。それでも効果がない場合、光が反射しなくなるまで画面を傾けてみる。

画面が目の真下に来ることは望ましくない。そうなれば不快な感じがするだろう（トレードを妨害するさらなる要因だ）。

問題が解決されないのなら、モニターを動かさなければならないかもしれない。室内灯の位置をチェックしたり、画面の表面を調べたりしてみてはどうだろう。最後の手段は、反射防止フィルターやスクリーンフードを使うことだ。

画面を快適に見られる距離、通常四五〜七五センチを保つようにしよう。画面を見ているか、または文字を入力しているとき、頭が前方に一五度以上傾いているようではいけない。

自分に最も快適な状態でドキュメントを作成できるようにしたい。さまざまな文字サイズ、文字スタイル、明るさ、およびコントラストレベルを利用しよう。

人間工学的なキーボードを使うのがカギ

手、手首、前腕の腱と筋肉に不要な圧力がかからないようにしよう。良いキーボードでキーを動かすなら、普通は指にほとんど圧力がかからないことを覚えておいてほしい。キーの位置を調整できるキーボードもあり、椅子と机が調整できない場合、前腕、手首、手の位置はそれで調節できる。さらに研究によると、キーボードを自分から遠ざかる方向に傾けることで、肩と前腕の筋肉の緊張が緩和されるという。
また、手首を横に曲げてはならない。ファンクションキーや数値キーパッドを使うときは、手と前腕全体を動かすようにしよう。

椅子に戻る

自分の仕事場のレイアウトが改善され、すべてが調整されたら、次にしなければならないことは、きちんと座って、椅子の背もたれに寄り掛かることだ。椅子に座ったとき、姿勢は真っすぐ、もしくはわずかに前方傾いた状態で保たれていなければならない。

腕はリラックスして、ゆったりとさせ、肘は横腹に近づけ、前腕はキーボードに置かれた指と直線をなす。手首は、マウスかトラックボールを使うとき、できるだけ真っすぐにする。大腿部は床に水平、もしくはわずかに下方に傾いた状態で、また足の裏は床と水平でなければならない。胴は前方を向き、頭はやや前方に傾いている状態にあるべきだ。

結論

当然のことながら、人間工学は、ある姿勢で個人を凍結させるような、固定したシステムを意図したものではない。あらゆる規則がすべての人にぴたりと当てはまるわけではないのだ。ただ、その基準を適用すると、自分にとって何が有効であるか気づくようになる。

人間工学はまたリラクゼーションにかかわる学問でもある。幅などを調節できる機能のある机を探し、それを慎重に使ってみよう。そしてそういったものが必要であると感じたときは、それらを利用するようにしよう。リラックスしたいと感じたときには、画面から目をそらすようにする。自分にとって最も効果的な仕事と休憩の関係を積極的に探し、そのスケジュールに従う。

かなりの時間をかけて仕事場と仕事上の慣行を調整することになるだろう。手首の痛みや腰痛を経験したことがある場合、そのことに注意して、自分の生活を思慮深く、調整できるようになっているはずだ。それでも、仕事を妨害する問題や緊張状態が続いているのであれば、妥当と思われる時間が経過した後で、ヘルスケアの専門家やトレード・コーチのアドバイスを求めるかもしれない。

第24章　コンピューター視覚症候群？
DO YOU HAVE COMPUTER VISION SYNDROME?

たかが眼精疲労、されど……

ジャックは人間工学的な理論に従って仕事場を改善した。椅子、机、モニターは、彼がワークステーションの前に座ったとき、適正なところに配置されている。姿勢に注意し、時々休憩を取り、体を伸ばすことを心がけている。

ところが、人間工学的に細心の配慮がなされているにもかかわらず、一日の仕事が終わるまでに彼の上背、首、および肩の筋肉は、とても疲労し、痛くなるのだ。ふしぶしが痛み、午後になると仕事の効率が急下降する。何が原因なのだろうか？　驚いたことに、その原因は眼精疲労にあったのである。

ほとんどのトレーダーがいらだたしいと感じたことがある眼精疲労は、コンピューター視力症候群（ＣＶＳ）と呼ばれている。パソコンの使用が原因であり、悪化する可能性のある眼疾患の一つである。

ＣＶＳは、ジャックが意識しない程度に感じるいらだちの原因であるばかりでなく、より症状の重い「加齢黄斑変性症」として知られる眼疾患に至るまで、あらゆる関連症状を包括する用語である。通常、視力障害、ドライアイ、涙の過剰分泌といった症状により特徴づけられる単純な眼精疲労でさえ、本当はより深刻な問題が潜んでいるかもしれない。

眼筋運動は無意識に行われる。得てしてトレーダーは、眼精疲労を抱えてもさらに作業を続けようとするため、顔、首、肩の随意筋を使おうとする。ジャックの場合もそうだった。一日が終わりに近づくと、視界がぼやけるため、彼はもっとよく見ようと、姿勢を前傾気味にして、首を伸ばし、肩も弓なりに曲げてしまうのだ。

ジャックの姿勢が良好なものから、ひどいものへと変化することで、実際にはどのような影響があるか考えてみよう。

自分のパソコン画面の中央に極小の文字が映っていると想像してみてほしい。この文字を読むため、画面からわずか三〇センチという距離にまで身を乗り出し、しかも斜めに見なければならなくなる。自分の胴体、首、肩が短時間でどのように姿勢を変えていくかに注意してほしい。そして長時間、画面のさまざまな部分を見ようとして、これらの筋肉を引っ張ったり、ねじったりする様子を想像してみよう。

ジャックは、目の乾きと、視界がぼやけることは、自分の足がしびれるのと同様、たいして重大な問題ではないと思っていた。彼は自分の症状を軽く見ており、また一日の終わりを迎え、自分の姿勢が変わったことに気づいていなかった。しかも一日が終わるまで筋肉痛についても無視していた。そして作業が終わったときになってようやく、首が凝り固まり、背中の下側に鈍痛がし、頭痛がし、肩が痛むのを意識するのだ。たとえ湯船につかっても、痛みを完全にとることも、リラックスすることもできない。

ジャックは、午後遅くに自分の姿勢が変わってしまうことに気づいていなかった。そのため自分に何が起きたかを理解していなかったのだ。人間工学的に望ましいすべての事務用設備を整えても、眼精疲労という問題が生じるために、それに付随して生じる筋肉疲労から逃れることができないのである。筋肉が疲れているとき、おかしな姿勢をとってそれらをねじまげれば、さらにストレスが加わるだけだ。

小さな神経の痛みと筋の断裂によるこのストレスが、やがてさらに深刻な筋肉にかかわる症状を引き起こすことになる。お分かりのように、眼精疲労は目だけでなく、さまざまな問題を引き起こす可能性があるわけだ。

最近の研究によると、パソコンユーザーは、通常の三分の一しか、まばたきをしないことが明らかになっている。ドライアイを補おうとする涙の分泌という反応、目のかゆみ、単純な目の炎症、不快なコンタクトレンズ、視界がぼやけるといった眼精疲労による初期症状の原因が、ここにある。

こうした眼精疲労の症状を軽減する簡単な方法がいくつかある。医師がすすめる目薬を使用する、目の近くを空気が流れないように遮断するか減少させる、オフィスの湿度を増加させる、汚染物質を減少させる……などだ。さらに頻繁にまばたきをするよう意識し、目に不快な症状が現れたと感じ始めたら、集中的にまばたきをするようにしよう。

眼精疲労を感じたら、その影響が出る前に対処すべきだ。少なくとも一時間に一度はまぶたを閉じ、深呼吸をし、顔の緊張を解き、目をぐるぐると約三〇秒間転がす。一〇～一五分ごとにこれをすると、より効果的だ。ちなみに必要とあれば、このとき仕事について考えよう。

ジャックのケースを通じて、眼精疲労を軽視して働き続けることが効率的でないとお分かりいただけただろうか。感情的、社会的、身体的に不快と感じることが、トレーダーとしての仕事にどれだけの支障をきたすか理解できたと思う。

眼精疲労と深刻な事態

研究によると、眼精疲労が続けば、より重大な視力障害を引き起こす可能性があるという。目の異状について研究する学者によれば、深刻な目の疾患は、いくつか関連性がはっきりと証明されているものを除いて、何を原因として引き起こされるのか分からないということだ。常々、ＵＶ（紫外線）の問題、眼精疲労の症状、目に不健康な大気が、こうした深刻な異常が起きる潜在的原因であるといわれている。

流涙や視界が狭くなること、眼圧の上昇といった症状で知られる緑内障の兆候でさえ、パソコンによる眼精疲労の症状にひどくよく似ているように思われることがある。次の二つの障害について、さらに議論を続けよう。

視覚形状認知障害（ＶＦＤ）は、目と脳が適正につながっていないことから引き起こされる障害である。その原因は得てして幼年期にさかのぼる。パソコンによる眼精疲労と似て、目を近づけた作業によって目にストレスがかかった結果であると診断されている。

この障害は、たいへん微妙であるため、長年気づかないことがある。というのも、その最も明らかな兆候が、文章のように小さく密集したものから正しい意味を理解できないというものだからだ。

この障害を持つ人は、例えばトレーダーであれば、幼いころに知力が優れていても、読むことができず、大人になっても何を読んだかを理解するので苦労していることだろう。障害があるという診断がなされにくいのは、そうした障害を患う人の視力は正常である場合がほとんどだからだ。

いったん障害があると分かれば、通常はトレーニングによって問題を軽減できる。大人になってもこのような症状が新たに出現することもある。ただし、すでにそうした障害がある場合、眼精疲労がそれを悪化させるかどうかは分かっていない。

特別なパソコン用の眼鏡は必要か?

ここ数年、熟練したトレーダーたちが共通して犯す過ちの一つは、パソコン用の眼鏡を使わないということだ。何か目に不快な症状を感じた場合、どんなトレーダーも年齢を問わず、少なくとも毎年一度、必要ならもっと頻繁に目の検査をすべきである。

若くて、近眼のトレーダーであるならば、彼らの目は近い物とさらに近い物の間で焦点を調整する能力があるので、パソコン用モニターを見るのに特別な眼鏡を必要としないかもしれない。しかし、老眼、すなわち近くを見るために目の焦点を変える能力が、年齢と共に失われることは、すべての成人が年齢に応じて経験することである。その始まりの兆候は中年の早期に起こり、六〇歳になるまでに、実質的にはこの調節能力はゼロにまで減少する。

通常の対処法は、読書用メガネか多焦点レンズを使用することである。ただし、年をとるにつれて、目と焦点の対象面との間の距離が重要となる。これがレンズデザインの主要な要素とすべきだ。ここで強調しておきたいのは、ある年齢に達した時点でほとんどのトレーダーが、目と画面の間の距離に合わせた特別な眼鏡が必要になるということである。

ジャックはようやく、午後に作業効率が落ちることと、筋肉の不快感の原因となっているのが軽い眼精疲労であることを認めた。そして目の検査に出かけることにした。彼は高校以来、やや遠視気味であり、いつも読書用メガネを使用していた。そしてパソコンの画面に向かうときも同じ眼鏡を使っていたのである。つまり、彼はパソコンに向かうときのために特別に眼鏡をあつらえる必要があると気づいていなかったわけだ。

たとえ、眼科医の診断が正しかったとしても、パソコン業務用の眼鏡が必要か患者

目をすがめるブル

に尋ねない可能性がある。医師が本を読むためのレンズについて考えてしまえば、恐らく四〇センチの距離で検査をすることになる。しかし、人間工学を重んじるジャックは、作業中にパソコンの画面から六〇〜六六センチ離れたところに座っている。この点について何も考慮されなければ、眼科医の検査を受けたとしても、新聞を読む用の眼鏡を新たに新調するだけである。相変わらず、パソコン画面の前では、身体を前傾させ、斜めに文字を見続けることに変わりないだろう。

ジャックは、眼科医を訪ねたとき、老眼が始まっていることを知った。そして次の選択肢に突き当たったのである。レンズが複焦点であるか、単一焦点であるかだ。

複焦点レンズを試す場合、画面の傾斜についても考慮して、レンズを設計する必要がある。ただし、プログレッシブレンズ（累進多焦点レンズ）で済まそうとすると、スクリーン上の文字を読むために、いつもレンズの「スイート・スポット」と呼ばれる小さく焦点距離の変わる中央部分を探さなければならない。つまり、そのために、ぎこちなく頭を上下左右に動かさなければならず、その結果として首の筋肉が疲れてしまうわけだ。

ジャックは、賢明にも、単一焦点のレンズを使うことにした。そして仕事場で作業するときのパソコン画面までの焦点距離を測った。

ジャックの仕事場は、人間工学の原理に合わせて、すでに整備されている。しかし、それでもまだ眼精疲労の問題を抱えているのであれば、人間工学で職場を調整する実験を継続して、再び仕事場のシステムを設定し直す必要があるかもしれない。一度、机と椅子の高さが適切か、モニターの位置とキーボードに対する指の位置が力学的に正しいか、といった重要な項目について判断したら、できればそれを数日間試してみよう。

自分の位置に快適さを感じ、満足できるところで、誰かに自分の目から画面までの距離を少なくとも二～三回測定してもらう。また、複焦点レンズを使うつもりなら、画面の傾斜角度をチェックする必要がある。目の検査に行くときに、これらの測定値を眼科医に渡してほしい。そして自分がパソコンで作業し、ほかの細かい仕事をするために眼鏡が必要なのだと、はっきり医師に告げるべきだ。

仕事場を明るくする

人間工学的な仕事場を整えたら、今度は目に良い照明について考えてほしい。専門家のなかには不適当な照明が視覚面での不快感の最大の環境要因であると考える人もいる。照明工学協会は人に認知できそうな最大輝度比を規定している。だが、照明の専門家の手をわずらわす前に、考慮すべきいくつかの概念がある。

最も望ましい照明の状態は、視野に入るすべての物体が等しい明るさで見えることだ。言い換えれば、パソコンの画面がその背後の壁より明るいというのは良くない。

また、オフィスの採光は人工的な光源のみならず、窓や部屋の表面からの反射光からももたらされることを理解すべきだ。仕事場内のすべてが柔らかなマット（つやの消えた）クリーム色で、人間工学的に見て完璧といえる照明をそなえているのに、自分の目や画面に光を反射させるようなところに大きい真鍮つぼを置けば、せっかくの努力が台無しになってしまう。

まばゆい光に注意する

ギラギラと眩しい光が当たっては、照明として適切とはいえない。その元凶の一つが、頭上に設置された蛍光灯である。そのままでは光の輝度が高く、トレーダーの目に直接あたるのだ。ルーバーを使用することで光を下向きに方向づけることが可能となる。

より良い解決策としては、光が天井に当たって反射される間接的な照明だ。それによって、より広範囲に、また低位置に光源を確保できる。

こうした情報は、自分の部屋の照明を気に入っているトレーダーには不要かもしれない。そこで、眩しい光がどれほど不快であるかを簡単にテストしてみよう。パソコンの画面を見てほしい、そして、周囲を見回してみて、強い光があるか注意してみてほしい。

次に、手や帽子、またはひさしで目を覆ってみよう。自分が心地良いと感じる度合いが即座に改善されたかを意識してほしい。一日のいろいろな時間に何度かこれを試してみよう。快適さが増したと感じたら、ギラギラと目にあたる眩しい光が一日の間に積もると、どのような影響が現れるかを想像してほしい。

まぶしさを即時に改善する方法の一つは、ひさしをかかげた状態に保つことだ。ほかの方法としては、蛍光ライトをつける。明るくて反射する壁面を避ける（仕事場の壁はつや消し色であるべき）、パソコンの画面の明るさを変える、などがある。

外に緑が見える場合、窓の視界をさえぎるのはいやだと思うかもしれない。しかし外の光というのは最も明るいため、何らかの方法で対処しなければならない。ブラインドはいくらかの光をさえぎることができるし、その近くに位置しているなら、それを開けることができる。人間工学的に正しい照明と、景色によってもたらされる落ち着きという効果の間に、妥協点を見出そう。

パソコンの画面を改善する

　パソコンの画面が眼精疲労の大きな原因になっている場合がある。何時間も本を読むことはできても、パソコンを見つめていれば、より短時間のうちに目の疲れを覚えるようになる。これは本の文字のほうが、パソコン画面に表示される文字よりも、はるかにはっきりと見えるからだ。

　このことを証明するため、レーザープリンタでパソコンの画面にあるテキストを一ページ印刷し、それと画面のテキストを見比べてみてほしい。レーザープリンタで印刷した品質をスクリーン上に再現することはできないと分かるだろう。

　パソコン画面のテキストを読みやすくする方法はいくつかある。画面解像度が良好であることは、とりわけ長時間作業する場合には重要だ。スクリーン上の画素数（像を構成する小さいドット）は多ければ多いほどよい。画素数の多いことが解決策としてよいかどうか分からない場合には、良いモニターが必要かもしれない。白地のバックに黒字というのが通常最も良いが、文字とバックのコントラストがはっきりしているかぎり、ほかの色の組み合わせでも快適である場合がある。

文字はゆったりとした大きさでなければならない。文字の大きさを変え、自分の目に心地良いと同時に、仕事に傾注できるサイズは何か試してみよう。

私たちの能力を超えて明滅する光も、視覚には障害となることがある。それを解決するため、七〇ヘルツ（編注　一秒間に七〇回画面を再描画する）といった、より高い垂直同期周波数（リフレッシュレート）のモニターを試すことだ。

その像の輪郭と解像度が最大化されるように、画面のコントラストを調整してみよう。そして最後に、画面の明るさを部屋の明るさにあわせて調整する。たとえ今までに一度も（まだ！）眼精疲労を経験していたことがなくても、このように調整することで、画面の見やすさを最適な状態へと改善してほしい。

結論

今、ジャックは眼鏡をかけている。その眼鏡は通常、彼が画面を見ている距離を保つよう正確に測定され、設計されたものだ。画面は今までより見やすくなり、一日の終わりに至るまで、眼精疲労や、付随する問題に悩まされることなく働けるようになった。

現在、彼は私たちの検証によって発見した眩しい光を排除するため、頭上の蛍光灯にルーバーを取り付けようと考えている。また、パソコン画面が目にさらに快適に映るよう、いろいろと変え、試している。彼は画面が見やすくなれば、ストレスをあまり感じることなくトレードに集中でき、一日中快適な状態で仕事ができることに気づいたのだった。

第6部 最悪の事態に対処する

Handling the Worst Things

第25章　最悪の経験を最大限に生かす

MAKING THE BEST OF THE WORST EXPERIENCE

もし自分が考え得るかぎり最悪の事態に直面したとき、それを乗り越え、そしてトレードに戻れるだけの力強さがあるだろうか？　それとも満身創痍になって、打ちひしがれ、将来の成功の可能性さえ封印した状態になってしまうのだろうか？トレーダーは、それがトレードであれ、私生活であれ、常に最悪の状況に直面するリスクを冒している。相場は明らかに慈悲深いものではない。自分がトレーダーであろうとなかろうと、私生活には苦しいことが起こり得る。問題は自分に「それに立ち向かう心の準備ができているか」なのだ。

最悪の事態が起きた場合、あなたは最初、自分を無力に感じるかもしれない。しかし、自分で気づいていないとしても、自分で決められる二つの選択肢が与えられているのである。

まず「その経験をどう受け止めるか選ぶ」ことができる。

「そんなことはない」と思うかもしれない。多くの人々は自分がそれをどう感じるかということに選択の余地はないと考えている。しかし真実だ。エアハード・セミナーズ・トレーニング（EST）のカリスマ、ワーナー・エアハードの主張をかいつまんで言うならば「あなたには経験することを選ぶことはできないかもしれないが、その経験をどう受け止めるかは選択できる」のである。例えば、トレーダーならば相場の暴落に巻き込まれることもあるだろうが、それを悲劇と受け止めるか、重要な教訓の機会と受け止めるかは自分次第なのである。

もう一つの選択肢は「自分があたかもそう感じているかのように行動できる」というものである。

「あたかもそうであるかのようにふるまう」というのは選択の問題なのだ。例えば、危機の最中、心中は恐怖でいっぱいでも、自分は何をすべきかがはっきり分かっているかのように落ち着いて行動する人がいる。そうするかどうかは選択の問題なのである。

その結果、当然のことながら、論理的帰結には反したものとなる。つまり、恐怖に凍りついた人が、何ものも恐れぬ態度でふるまえば、次第に落ち着きを取り戻すことができ、周囲の人々もその人物は落ち着いていると信じるようになるのだ。すると周囲の人も落ち着きを取り戻し、危機的状況はより対処しやすいものとなるのである。

自分が知っていること

最悪の事態を最大限に利用するための最初の一歩とは、すでに知っていることをよく吟味することだ。その問題が何であれ、自分のリソースを評価することが有効であると私は信じている。そして最も重要なリソースの一つが、このような事態となる前であるにせよ、自分がその状況について知っていることなのだ。

分かってほしい。人間であれば、何かが起きたらそれに対処しなければならない。生きていれば常に、ある程度の苦悩、損失、大惨事、病気、裏切り、失望、侮辱、拒絶、心痛を経験することになる。私生活や仕事上で起こり得る不幸な事態を数え上げたら、ひどく長いリストが出来上がるだろう。この事実を認識し、それを受け入れることができるのであれば、苦しみを軽減することができるばかりか、リストの項目を減らすこともできるのだ。

人生には良いことも悪いことも起こり得ることをあらかじめ理解しておけば、それに備えることができる。トレーダーが自分の人生を成功したものとするために、最も重要なステップの一つとは「計画する」ということなのだ。

この計画にはビジネス計画のみならず、人生のあらゆる領域についての計画を含む。私はこの包括的な計画を「ライフプラン」と呼んでいる。そこにはリソースの評価や、不測の事態に備えての計画も含まれる。

不測の事態に備えるとは、それが素晴らしいことであれ、不幸なことであれ、かなり大きな出来事が起きる場合を想定してのことである。つまり、それが悪い結果になるかもしれないこと、その逆に良い結果になる可能性のあることなど、すべてにおいて計画が必要なのである。私の著書『Getting More Out of Life』には、事態が悪い方向に向かった場合に備えると同時に、人生のポジティブな部分に重点的に取り組むことで、人生をより良いほうへと向かわせるライフプランについて書かれている。この本を読む必要はないが、あらかじめライフプランを立てて備えておくためには、これに類似した手順が必要となる。

事態が悪化してしまったときの望ましくない影響について、私たちはかなりはっきりと分かっている。ところが残念なことに、ほとんどの人は、物事がうまくいった結果として起きる悪いことについては、全く何の準備もできていないことが多い。ひと財産つくる、邸宅を手に入れる、宝くじに当たるなど、途方もない夢を実現させたとき、その人は得てして孤立したり、自信を失ったり、パラノイア、倦怠、ストレスといった途方もない成功に付随して起きる望ましくない事態に対処する準備ができていないのである。

次に、人生で起きる出来事について、自分がどう反応するか、そして自分の生活に直接的な影響を及ぼす人々がどう反応するかを知っておかなければならない。前もって、自分や自分にとって大切な人々がどう反応するかを理解しておくことは、戦いに挑む前に敵の計画を知っておく必要があるのに似ている。

例えば、相場で大きな損失を経験したとしよう。どう反応するだろうか？　妻やパートナー、投資家たちはどう反応するだろうか？　まず自分は損失という事実を否認し、妻はヒステリックになって別れると脅し、パートナーは苦痛を忘れるためにやけ酒を飲み、投資家は自分を訴えると脅したとしよう。これらすべては悪いニュースである。

だが、あらかじめ、みんながどう反応するか分かっていれば、このゲームプランを展開するうえで何よりも必要な時間稼ぎができる。そして今、こうした反応のすべてにどう対処すべきかを計画する機会が与えられているのだ。仮に、周囲に自分を支持してくれ、知恵があり、問題を解決するために即座に行動してくれ、頼りがいがある

合気道師範の老ベア

重要な人物がいることが、事前に分かっているとしよう。それが分かっているだけでも、とてつもなく大きな助けとなるのだ。

政治的立場はともかく、ビル・クリントンが危機に直面しても、とても分かりやすく、うまいやり方で対処できる人間であるということに同意してくれるのではないか。彼に最も近い人々の観察と証言によると、クリントンは危機を一つの箱に入れておきながら、ほかのすべてに対処できるよう、人生を分類しているという。

熟練した政治家である彼は、危機に対して責任を負う人物、望ましくは彼に忠誠を誓う人物を見つけていた。そして、自分のニーズに合わせて真実を再構築するのである。真実を再構築し、自信を持って行動する彼の態度によって、彼を信頼してきた人々は、その後も信頼を寄せるようになるわけだ。

何よりも大切なことは、彼が自分を信じ続けられるという点だ。このようにして、彼は危機的状況を次々に乗り切ってきた。もしあなたが頼りにしている人が、危機に際して、どのように反応するかを知っていたら、それは重要な情報であるといえる。

また自分にとって重要な人々がどう反応するか分かっていたら、それを不測の事態に対応する計画のなかに含める。例えば、住んでいる地域が洪水やハリケーンの被害を受けやすく、そうした不測の事態に備えて計画しておく必要がある場合、州知事は即座に州兵を出動させると期待できるだろうか、それとも孤立無援の状態で長期間放置されるだろうか？　あてにできること、あてにできないこととは何であろうか？　事態を改善するためにどの範囲までやらなければならないのだろうか？　ほかの人はどこまでやる必要があるのだろうか？

事前に計画する

この過程をさらに一歩進めて、自分の人生で重要な人々以外のことについても目を向けてほしい。トレーダーであるならば、危機的状況や困難に際して、業界やサービスネットワークの予測可能な反応を参考にする必要があるだろう。

その人たちはストレスにさらされて信頼できるだろうか？　石油価格が天文学的な値段をつけたとき、それに対処する準備ができていただろうか？　自分にとって最高の利益を維持するうえでＯＰＥＣを信頼できるだろうか？　適切に行動したかという観点からして、ＯＰＥＣの過去の動向はどう評価できるだろうか？

日々のトレード事例を考えてみよう。買いを仕掛け、相場が底割れしたとする。ところが突然、通信ケーブルが不通になってしまった。どんな事態が起きているのだろうか？　状況がどんなに困難でも、自信をもって行動しなければならない。綿密な計画があれば自信を失わずに済む。

好機を取り逃がす

自身の行動パターンを観察してみよう。自分が何をきっかけにかんしゃくを起こし、怒り、心配し、不安になり、うちひしがれ、惨めになり、恐怖を感じるかを知っているだろうか？　今日何かそのように感じることはあっただろうか？　そうした心の奥深くにあるネガティブな感情の引き金になると思われるものを探すのだ。

あらゆる感情は正当なものであり、ここではそうした感情が正当であるかは問題ではない。重要なのは、いずれそうした感情を克服し、その感情の引き金となった状況を乗り切れると分かっているということだ。かつて必要以上に怒ったり、心配したり、惨めな気持で過ごしたりしたときのことを思い出し、それがいかに時間の無駄であったか、そして逃したチャンスがいかに大きかったかに気づいてほしい。

なぜこうしたネガティブな感情をできるだけすぐに脇へ押しやることが重要なのだろうか？　仮に相場で大きな損失を被ったとしよう。そして怒り、動揺し、恐れ、取り乱したまま多くの時間を費やしたとする。そこで損失に続いてめぐってきた大成功の売買機会に気づくことができるだろうか？　前回の損失に萎えてトレードに不適切な気持ちとなり、その好機を見極められなければ、その機会を十分に生かせるだろうか？

負の感情に過度にとらわれていると、得てしてその代価は大きい。その代価を私生活で払わされることさえある。相場での損失や私生活で誰かに拒絶されたことをまだ気に病んでいるなら、この瞬間にも素晴らしい恋人を獲得する機会を取り逃がしていることになる。好機というものは、ほとんどが非常に寿命の短いものである。それは恋人とのことだけでなく、相場での好機には特にあてはまるといえる。

エクササイズ

ライフプランを立てるうえで不測の事態についても対処しておかなければ、不幸を経験したときに引き起こされるネガティブな感情をいつまでもひきずる結果となりかねない。こうした感情の持続時間を減らすため、次の方法に従ってほしい。

1　まず自分が抱いている感情、そしてその経験について作った話（ストーリー）を認識する。

2　自分が作った話を確認したら、そこから遠ざかり、大きい絵（ビジョン）へと関心を移動させる。

3　できるだけ遠くからネガティブな感情を作り出している状況を眺めてみる。そして「どれだけ長くこの状態にひたっていたいか」と自問する。

4　自問しながら、意識をへそのあたりに集中させ、三回ほど深く長い深呼吸をする。

5　焦点を自分の中心に置いて集中し、せん光が貫くのを想像する。焦点をへそのあたりで維持する。

6　今度は非常に力を与えてくれる言葉を発しよう。「私たちにはできる！」

この「私たちにはできる！」という言葉は、それがどんな困難であろうと打ち勝つことができて、それをするのは自分独りではないことを意味する。自分は全能でない、という事実を認識しているのだ。

しかし、宇宙の力の助けにより、最終的な勝利者となれる。神の意の下ですべてが可能である、という事実は分かっているからだ。このリソースのパワーに触れるのに、実際に神を信じているかは重要ではない。自分の神経システムのなかに、成功する強力な方法で導かれる必要があるというメッセージを送り込んでいるのだ。

いったん自分に意識を集中させ、この言葉を発すれば、すでに最悪の状況で発生する損害を食い止めることに乗り出し、難局克服の成功へと向かっているといえる。このメッセージと共に自分の神経に力が与えられ、独創的に考え、危機的状況から成功を導き出すのに必要な大胆不敵な措置を講じられるようになるのだ。

私は、これまでに危機的状況をうまく乗り越えた人々というのが、似たような危機的状況が起きることを想定し、それに備えていたことに気がついた。だからこそ、自分がどう反応し、それを乗り切るために何ができるかについて、その人たちにはおおよその計画があったのだった。

例えば、私が知るかぎり最も成功している顧客の一人は、家族が全体主義的な政治システムを逃れ、亡命したという経歴の持ち主であった。この幼い息子は、家族が無事に亡命するために必要な計画、そして勇気を理解していた。そのため、後年トレーダーとして遭遇したすべての危機、そして大惨事をどう処理するかについて、準備ができていたわけだ。

彼は計画、危機、そしてリスクについてよく理解していた。しかし、とりわけ重要なのは、彼が結果を信じることのパワーを理解していたことだ。

結論

考え得るかぎり最悪の状況下で、あらゆる悪い状態の裏には機会が潜んでいる、と言ったところで、ほとんどの人はそうした状況に怒り、腹立たしく思うことだろう。それが本当であっても、自分の反応とネガティブな感情にとらわれてしまうと、機会の可能性を認識することも、またそれを利用することもできない。

たとえ何が起きたとしても、大惨事の陰に潜む好機をつかむため、パワーを枯渇させるような感情や思考の時間を短くすることはできる。最悪の経験をおおいに利用するための第一歩は、それが起きた場合のために計画することだ。

第二のステップは、先ほど紹介したエクササイズを利用することで、最善の心理的防衛策を講じることである。感情的な停滞を防ぐのだ。自分のリソース、知っていること、不測の事態が発生したときの対応策を含むライフプランは、優れた武器をもって戦いに挑むようなものである。無傷で勝利をつかむ可能性は計り知れないほど高まり、さらには最悪のなかから最高を引き出すであろう。

第26章　変化
CHANGE

急激な変化は至る所で起きる

世界では人類史上空前のスピードで技術革新が進んでいる。産業革命が始まって以来、技術革新が急速に進展するなか変化が雪だるま式に拡大しているのだ。今日、かなりの投資をして最新鋭のパソコンを買ったとしよう。ところが明日になれば、より新しい、より速いモデルが組み立てラインから流れ出てきて、買ったばかりの製品は時代遅れとなり、ドアストッパーほどの価値しか持たなくなるのだ。

取引所の立会場に立つトレーダーが、その会員権を購入するため、これまで蓄めてきた資産を投入した。この投資が生涯にわたって経済的安定を確実にすると考えたわけだ。ところが突然、五〇万ドルの投資が変化によって急速に値を下げてしまった。

これと同じ視点に立って考えれば、土地が最も確実な投資であるという昔からの考え方は妥当とはいえない。政府に土地を差し押さえる権限があったり、または不動産価格が変動して急落する可能性がある地域があったりするからだ。

大きな相場の変化

トレーダーにとって、大きな変化は、すでに進行している。何年にもわたって空前ともいえる拡大傾向にあった米株市場が「大幅に下落するかもしれない」という状況に直面しているのだ。ところが弱気相場を一度も経験したことがない世代に属する投資家たちがいる。

最近、私は投資家コンベンションのとあるブースで電子デイトレーダーであった若い女性とそこの営業マンの会話をたまたま耳にした。彼は新しいソフトウェアの性能を説明して、「この点に達すると『新規買い』という指示が出て、ここにくれば『新規売り』という指示が出るのです」と言った。若い女性は彼が話し終える前に言葉をさえぎって尋ねた。「私、前にその言葉を聞いたことがあるわ！　でも『新規売り』ってどういう意味？」

電子取引への変化

現在、電子取引へと変化することで、何十年も続いてきた取引所の立会場は徐々に閉鎖されようとしている。トレーダーたちが声高に値を唱える「古い世界」の喧騒は、次の段階のトレードへと加速度的に移行することで、まもなく永遠に消え去ることであろう。

技術革新による爆発的な変化のために、私たちは絶えず変化によって生じるさまざまな問題に対処することを迫られている。私たちトレーダーは、新しい技術やシステムの開発に努力してきた。しかし、その結果もたらされる現実とは、開発したものがもはや相場の現状にそぐわないということなのだ。

変化はトレーダーの生活バランスを崩す

トレーダーは自分の仕事のなかでの変化に対処するだけではなく、私生活での変化にも対処しなければならない。トレードを日々良好に実践するために、トレーダーは毎日、自分の人生に起こる変化のすべてに対処しなければならない。なぜなら、それはトレード上の決断に影響してしまうからだ。トレーダーがこれらの変化にどれくらいうまく対処できるか、またそうした変化が良いものか、または悪いものかにかかわらず、どんな変化もトレーダーのバランスをくずしかねない。

例えば、家族というものは、その各メンバーが家族という一つの単位を維持するために不可欠なエネルギーをそれぞれ提供することで成り立っている。家族の一人がいなくなるか、またはその人の提供する貢献度に変化があれば、家族全体が影響を受ける。つまり、家族の一員に何か変化があれば、それはトレーダーの人生に思いがけぬ変化をもたらす要因となるわけだ。

例えば、私の顧客に妻の母親を亡くしたトレーダーがいる。母親の死以来、そのトレーダーの妻はバランスを崩してしまい、その妻の状態がまた、夫のバランスを崩してしまった。そして彼のトレードにも影響が及んだのである。

ほかの事例

● 息子が大学に入るために家を出て行くと、家庭を維持するために、その子が貢献することがなくなる。彼の貢献が失われたことに加え、彼にかかる教育費が家計に食い込むことになるかもしれない。あるいは彼がいなくなることで、突然余暇が増えるかもしれない。そうした変化のいくつかは好ましいことであるかもしれないし、一方であらゆる変化はバランスをくずす原因になるという問題がある。

●子供が家に戻ってきて生活をするという場合、彼は家族に貢献しようと試みるかもしれない。しかし、彼の存在は家計の負担を増やす可能性がある。

●家族が病気になれば……病気によってその家族の一員が家族全体に対して貢献できなくなるばかりでなく、突然そして急速に家族のエネルギーと財源が失われることにもなる。

変化が起こるたび、世帯全体として大きな再調整をしなければならなくなる。ときには、その変化自体は小さく、そして実質的には家族全体に蓄積されたリソースが、目立って消費されない場合もある。しかし、その変化に対応する必要な調整をすることで、どれだけ感情的なエネルギーを注いだか量ることはむずかしい。これらの例はすべて、物理的、経済的な影響が及んだ結果、トレーダーにかかるストレスが強まり、バランスを崩し、そのためにトレードが影響を受けてしまうことを示している。

こうした変化とトレード上の問題には関係がないと考えるかもしれない。しかし、環境の変化を認識することは重要だ。認識しておけば、混乱が起きている間、トレー

休むブル、迫る竜巻き

ドとリスクに関して決断するうえで適切に行動できるからだ。

その日その日の個人的な目に見える変化に加えて、トレーダーにとっては長期的な視点から区切りとなるような、大きな社会的、物理的な力が働いている。例えば、次のような場合だ。

1 高齢化と延びた平均寿命

やっと十代になったばかりのロミオとジュリエットが恋をした時代から比べれば、人間の寿命は当時の倍以上に延びた。エリザベス朝の時代（編注　一五五〇～一六〇〇年ごろ）一般人の平均寿命は三〇～三五歳までだった。平均寿命が延びたことで、私たちは先祖たちが想像だにしなかった成熟と高齢化の問題に直面している。過去何世紀にもわたって誰も到達したことのない老いの年齢に備え、計画を立てなければならないのだ。

トレーダーにとって良い点は、寿命が延びたことで、トレードの経験を積み重ねる期間も延びるということである。あるいは、トレード以外の分野にもビジネスを拡大させる機会があるだろう。しかし、それは諸刃の剣である。トレードに飽きて、ほかの分野の仕事に移りたいと思ったときにどうするか、という問題もあるのだ。

2 家族構成

人々が教育、経済的理由、政治的自由を求め、生まれ育った共同体を出るや否や、大家族組織は崩壊を始める。交通の便が良くなった現代、私たちは世界のあらゆる場所に容易に行ける。

しかし、核家族は急速に崩壊してしまった。結婚は多くの人々の間では時代遅れの制度であると考えられている。一生を通じて同じ相手と添い遂げるという結婚時の約束は、短命だったエリザベス朝の平均寿命よりも続くか疑わしくなってしまった。

このことはトレーダーに何を意味するのだろうか？　職業的に見れば、トレードを仕事とする人々の離婚率は、全国平均より高いと推測されている。仕事上のストレスが強く、家族に影響が及びやすいからだ。

離婚は、トレーダーのキャリアに重要な意味を持つ。かなり長期にわたってトレードの成功を妨げかねないからだ。

3 宗教

二〇世紀の後半、伝統的な教会と教会堂に通う人々の数は着実に減っていた。ところが現在、状況は逆転している。

一九四〇～五〇年代生まれの「ベビーブーマー」は精神的に成熟した世代である。この世代の人たちは、教会の古き良き伝統に理解を示しているものの、不合理かつ時代遅れと思われる教義には固執せず、変えるべきだと考えている。そのうえ、こうした中年世代は、個人の権利を意識しながら成長してきたため、教会の権威に基づいた教えを固く守るべきだという必要性をあまり感じていない。

最近まで、多くのトレーダーが自分の人生に宗教が重要であると考えていなかった。だが今、新しい精神的な活動を見直し、心の豊かな生活が私生活とキャリアを向上させると考える人々が増えてきた。また多くのトレーダーが、精神面での新しい習慣と理解が、古く伝統的な宗教的慣習を新たによみがえられることに気づいている。

4　変化に対処する

費やす時間、損失、混乱を最小限に食い止め、なおかつ最大の効果を上げるようなやり方で変化に対処するには、どうしたらよいだろうか?

最初の一歩であり、また最良の第一歩というのは、変化に対して備えることだ。不測の事態に対処するための計画とビジネス計画に変化を考慮するのだ。そうすれば、変化が起きたときに、何をしたらよいかが分かるだろう。これは変化を見越した積極的なアプローチといえる。

しかし、もし計画を作成していないなら、どうすればよいのだろうか？

5 変化が起きていると認める

トレードに影響するだけ人生のバランスを崩すようなことが起こる可能性はあるのだ。

6 どのように変化に対処するか決める

いったん変化を認識し、この変化が自分のトレードに影響するという事実を認めたならば、それにいかに対処するか？　答えは明らかだ。

「直ちにトレードに影響しないよう対処する」

残念ながら変化がうずまく渦中にいると、変化という現実を存在していないかのように、わきへ押しやろうとしてしまう。もしあらかじめ、変化に対処するのを避けようとする自分を分かっていて、対処するための戦略を用意しておけば、問題に集中的継続的に取り組みやすくなったはずだ。

7　変化に積極的な意義を与える

一枚の紙を取り出し、中央に線を引く。その片側には変化が自分に及ぼす悪い作用をすべて書き出し、反対側には変化が与える良い影響のすべてを記載する。

（例）自分が立会場のトレーダーとして素晴らしい人生を送っていたとする。自分は売買手法や売買システムを開発することなく、直感に従ってトレードをしてきた。そのため数学やテクニカル分析に関してさほど知識はない。

ところが突然、立会場での職を失った。テクニカル売買の経験が皆無な状態で、机に向かってトレードをしなければならなくなった。

【ネガティブな解釈】

この大きな変化に対処するには、多くの困難を克服しなければならない。

● 最初は、これまでどおりに金を稼ぐことはできない。多少の経済上の変化に対応できなくてはならない。変化によっても深刻な結果がもたらされるかもしれない。例えば自宅を売り、より小さくて質素な家に引っ越さなければならないかもしれない。順調なスタートを切るのに失敗し、信用に傷をつける可能性も。トレード能力にも影響し、うまくやれなければ全く異なる職業につくことになる。

- 新しく多くのテクニカル分析の知識を習得しなければならない。
- これまで一度も使ったことのないパソコンを習得しなければならない。
- 立会場の仲間たちから離れて、単独で働かなければならない。
- 自分の仕事場を作らなければならない。
- これまでのように直感に従ったトレードができなくなる。

【ポジティブな解釈】

当初は以前と同じだけの金額を稼ぎ出せないかもしれない。しかし、立会場のトレーダーではなくとも、大金を稼いでいる人々はいる。自分もそのなかの一人になれるかもしれない。さらに……

- トレードの規模を縮小しなければならなくなった結果、ストレスを大幅に軽減でき、自分自身と自分の環境のなかに新しいリソースを発見するかもしれない。
- パソコンを使ってトレードするために重要な新しい技能を習得すれば、この職業分野のみならず、新たな分野でも競争力をつけることになる。新しい技能を身につけることで能力が向上し、それによって自信が強まるのである。

● 別のトレーダーやトレーダー仲間と共に事務所を立ち上げられる。

● 単独での仕事になるが、別にそうしなければならないわけではない。

● 自宅を事務所にすれば市街に通勤せずに済む。電子トレーダーに転じた多くの人々が、そのことを変化の素晴らしい副産物であると受け止めている。

● 足や背中を擦り減らす時間が減り、耳、声、および副腎を酷使する度合いが減った。健康状態が劇的に改善される。

● 直感に従ってトレードをする技能を身につけた長年の経験を生かし、最終的には、また直感的にトレードできるようになる。

8　変化の過渡期には、トレードを止めるか建玉量を減らす。あるいは損失を最小限に食い止めるべくリスクを調整する。

9　この時期には自分のバランスが感情的にも身体面にも崩れていることを認識する。

全面的に以前と同じ規模でトレードをする前に、この部分を取り戻すことに集中してほしい。

結論

変化は、その原因が何であれ、またそれが良いものか悪いものかを問わず、トレーダーのバランスを崩してしまう。バランスが悪ければトレードの成果に影響する。トレーダーとしての経歴を安定的に成功させ続けることを望むのであれば、変化に備え、それに対処するための戦略を立てなければならない。

変化を避けることは不可能だ。しかし、それが職業や私生活に及ぼす損害を最小限に食い止めることは可能なのだ。

第27章　あつれきに直面する

FACING CONFLICT

相場でお金を稼いでいると、結局のところ、あつれきを含む変化や問題に対処する必要が出てくる。事実を受け入れ、あつれきなどの事態に適切に対処できれば、成功への次の段階に進むことができる。しかし、困難を乗り越えられなければ、一歩後退を余儀なくされる。

最近、相場が急激に暴落して打撃を受けた投資ブローカーのグループと仕事をする機会があった。彼らのほとんどは非常に成功しているといってよい。だが、顧客のなかには間違いなく、ほぼ一夜にして資産の大部分を失った人がいた。これらのブローカーの何人かは若く、以前に下げ相場を経験したことが一度もなかったため、ひどいショックを受けていた。

彼らはどのように反応しただろうか？　グループのメンバーは二手に分かれ、共通し、特徴的で、また完全に正反対の反応を示したのだった。

反動的な戦略

一方の反応は、顧客とすべての接触を避けることだった。言い換えれば「逃げ隠れする」ということだ。明らかに、こちらのブローカーたちはおじけづいてしまっていた。電話の向こうから金切り声、泣き叫ぶ声、または怒りに満ちた声が浴びせられるだろうと予測できれば、それに対するには勇気が要る。

では、仮に顧客が、投資商品に参加したのも、その結果として持てる財産のすべてを失ったのも自己責任であるとして、非難したとしよう。あなたはどう反応するだろうか?

積極的な戦略

他方の反応は、顧客から電話がかかってくる前に、自分から電話をするという積極的な反応だった。この戦略では、顧客の手を握り、彼らが顧客のために何かをすると請け負うわけである。問題の早い段階でこのような積極的な戦略を講じれば、顧客のヒステリックな反応や非難を途中で食い止め、コミュニケーションの道を将来につなぐことになる。最も熟練したブローカーの多くは、この戦略を選ぶ。彼らは顧客からの最悪の反応を経験してきた。

もちろん、経験あるブローカーのなかにも、以前にこのような出来事を体験し、ショックのあまり積極的に対応できなくなった者もいる。しかし、こういうブローカーは、長期戦に入りながら、エンジンの逆火の音に驚いてちりぢりになってしまう人たちを思わせる。

新しい戦略

コミュニケーションソフトを専門とする会社が、このグループに第三の戦略を提案した。それは、顧客からの電話を受けないときはブローカーの肉声であるかのように聞こえる録音メッセージを流すという案だった。したがって、感情的あるいは攻撃的な顧客との対決を避けつつ、ブローカーは顧客に前向きなサポートのメッセージを送ることができるというわけだ。

さて、自分が顧客だったら、ブローカーのどのような反応が良いと思うだろうか？　率直にいって、顧客のなかには激しい怒りをブローカーにぶつける機会がほしいと

選択肢が多すぎる

バターピーカン
ペパーミント
ブラックチェリー
バナナ
ライム
エッグノック
オレンジシャーベット
ピスタチオ
チョコミント
ブルーベリー
クッキークラム
ファッジ×2
ピーチ
バターピーカン
チョコレートチップ

考えている者もいる。しかし、いったん怒りを吐き出したのであれば、手をたずさえ、逆境に立ち向かう戦略をまとめてくれるブローカーがほしいと考えないだろうか？

ほかの摩擦回避

自分がブローカーであるかトレーダーであるかにかかわらず、いかに対処するかを選択すべき、さまざまなあつれきがある、

●そのトレーダーは、自分の能力の限界を超える損失を出してしまった。彼は、それを妻に告げることを恐れ、妻を遠ざけるようになった。ところが妻は、夫の態度が夫婦にかかわることだと誤解して、彼を遠ざけるようになったのである。ビジネスが崩壊していくとともに、夫婦生活も崩壊してしまった。

●そのトレーダーにはパートナーがいた。しかし、パートナーの売買スタイルも、習慣、ビジネスのやり方、あるいは実務に関しても、不安を抱かせるようなものだった。しかし、パートナーと話し合うよりも、トレーダーは衝突を恐れ、何も言わ

ずにいた。状況は悪化し、提携関係は解消され、ビジネスそのものも消えてしまった。

衝突に対処するのに、積極的なやり方を選択することを避けているだろうか？　もしそうであるならば、衝突を避けることで長期的にはどのような結果になるか考えるべきだ。恐らくそれは最善の選択とはならない。

第28章　成功への道を誤る
FAILING YOUR WAY TO SUCCESS

足を進めるごとに成功への道筋を踏み外しているのに、それでも最も困難なことを最も難しい方法によって成し遂げようとするのだろうか？

「まさか、私がそんなことをするわけがないだろう？」と言う前に認識してほしいことがある。プロのトレーダーになる多くの人々が、成功への途上で失敗するような選択をしているのだ。もちろん、故意にそう選択するわけではない。しかし、その決断が最終的にそうした失敗に至るのだ。

一般に、ある職業分野で成功するには、高等教育と学位に加えて、何年もの職業的訓練と個人の成長が重要であると考えられている。だがトレードにはこれは当てはまらない。残念ながら、こうした準備なしにトレーダーにはなれるのだ。だが、それがなければ長い間、成功することができない。

すべてまずいやり方をする

数年前に私は、フィルという若いトレーダーから電話で相談を受けた。彼は自分の投資信託を元手に、労なくして最高の実績を上げ、また刺激を求めて、トレードの世界で大儲けをしようと考えた。彼はトップトレーダーが稼ぎ出していたお金について、あらゆる記事を読んだ。自分の有利な条件と、高い知性をもってすれば、短期間で成功できると考えたのだった。

残念ながら、短期間で彼は損失を被り、相場は公正でないと感じた。それでも、いくらか損失を被ることを予想していたので、入念な準備をせずにトレードを続けた。そして損失を被り続けた。

損失がかさみ、それがより深刻になったとき、彼は損失を出したトレーダーなら一般的といえる感情的な反応を経験するようになった。恐怖、不安、躊躇、および一貫性の欠如などだ。

フィルは自分のシステムを開発するのに何年も費やしたわけではなかった。そのため自分が何をし、なぜそうしたのかが分からなくなり、途方にくれてしまった。簡単だと考えたトレードは、彼にとって難しく、神秘的で、苦痛なものとなったのである。

フィルは、お金を払わずに専門家のアドバイスを受けようと考え、問題を解決できるか知ろうと私に電話をかけてきたのだった。「トレードに際して準備をしたか」と私が質問をすると、フィルはまるで自分の問題とはほとんど関係がない話題だと言わぬばかりに、それを軽く受け流した。

数カ月後、彼は再び電話をしてきた。彼には私のアドバイスに耳を傾ける心の用意ができていた。しかし、まだ適切な措置を講じることをためらっていた。以前、必死で働く必要がなかった彼は、トレードで成功するために、どんなに努力が必要であるか、その注ぐべき労力の高さを認識し、うろたえていたのである。

彼は相場について学ぶ必要があるばかりでなく、目に付くものすべてを読み、セミナーに出席し、機能する売買システムを開発し、それを試し、さらに自分の心理状態にも対処する必要があった。ところがフィルは、私の話に聞き入っていたものの、またしてもまだ他に抜け道がないか探していたのである。次に挙げるのは、彼が選び、そして実に簡単にトレードで失敗してしまった方法である。

1　最新の内部情報

フィルは自身のシステムを開発するために必要な時間と労力を費やす気がなかっ

た。代わりに彼は、頭をひねって、自分では名案だと考えた方法を思いついた。

「自分に正しい情報を提供してくれる人間を探したらどうだろうか?」

そう考えた彼は、トレーダーたちが仕事の後によく訪れる地元のバーに通い始めた。彼は数人のトレーダーたちと知り合い、そのなかでも最も優秀であると一般的に考えられている人物を見つけ出し、面識を得ることにした。フィルが選んだのはジムという男で、まもなくジムはプレッツェルをつまみにビールを飲みながら、フィルに最新の有力情報を話して聞かせるようになった。

その方法は三カ月ほど非常にうまくいった。しかし、あるときジムが提供した情報に基づいてトレードをしたフィルは、相当額の金を失ったのである。打ちひしがれ、動揺し、裏切られたと感じたフィルは、その夜、一体なぜそんなことになったのかを知るためにジムをバーで待った。

驚いたことに、ジムはかすり傷を負っただけで、その局面を切り抜けていた。フィルは、なぜ自分が損失を被り、ジムが無事であったか知ろうと彼に詰め寄ったとき、二人の友情にひびが入った。怒ったジムは、フィルに自分でやるべきことをやれ、自分を利用するのはやめろと言い放った。二人の友情は終わり、無料で最新情報を得ることもできなくなった。

2　魔法のカリスマ

次に、フィルは彼の常套手段であった予備戦略を試すことにした。ただで成功を得ることができないなら、代価を支払うというわけだ。まず、あらゆる問題に関する本の在庫がある、地元の書店を訪ねた。

本を探すうち、彼でさえ名前を聞いたことのあるカリスマトレーダーの著書を見つけた。初めてフィルは真剣に本を読み、トレードについて学んだのである。トレードに対して新たな情熱をかきたてられ、興奮したフィルにとって、その本はバイブルとなった。

彼はその本から吸収できるすべてを学び、その結果、彼のトレードは損得なしとなるほどの水準に達した。ところが、残念ながら時間がたつにつれて、本に書かれたことが、ある一定の局面では当てはまらないことに気づき、その本が指示するすべてを実行に移すことができなくなっていた。そしてもう一度、彼は大きな損失を被ったのである。

この時点でフィルは、より時事性のあるアドバイスが必要なのかもしれないと考えた。あちこちを調べ、そのなかで最も良いだろうと思われるニュースレターを見つけた。それは毎週、アドバイス、戦略、最新の相場動向、および最新のリサーチ結果を提供するものだった。ところが、この高価なニュースレターは、非常に洗練されていて、また専門的だったのだ。

実際、フィルが過去に学んだ、豊富とはいえない数学や概念の知識では、太刀打ちできないほど難しい内容であった。このサービスの貴重な情報を利用するには、それらの裏づけとなるテクニカル売買と、骨の折れる数学の研究を努力しなければならないことは明らかだった。学生時代のフィルの数学の成績は比較的良かった。しかし、再び勉強することについては、その必要性があると分かっていても、全く関心がなかったのである。

3 魔法のシステム

フィルは再度、成功するために金を使うことにした。彼は、有効であることが立証されたシステムを買う必要性があると考えた。ここで評価できることは、彼がかなり大がかりなリサーチをし、そのなかで最も高価で最良であるとの評価を得ていたシステムを買ったという点だ。フィルが欲していたのは、誰にでも扱える機械的売買システムであった。

問題は、誰にでも扱えるはずだと思ったそのシステムで、損失や機会についてのルールが展開されているらしいと分かっても、フィルにはそれに従うことができなかったことだ。彼は売買システムのあらゆる規則を破り、発せられるシグナルのすべてを無視するようになった。その結果もたらされたのは収益の大幅な下落だった。

この時点で再びフィルは私に電話をかけてきた。前回の電話から一年半以上が経っていた。フィルの声には以前に比べて自信が感じられなかった。事実、彼は自分の戦略の最終ラウンドがうまく行かなかったなら、トレードをやめるつもりだった。

4　魔法のセラピー

すべてが失敗に帰したとき、フィルは私の「トレーディング・オン・ターゲット・セミナー」に参加することにした。

しかし、まだ本心から覚悟していなかった。彼はまたもや自分の基本的なトレードにかかわる問題を解決するため、自分以外の何かに頼ろうとしていたのだ。セミナーのほかの出席者の発言や提供された教材から彼が学んだことは、これまで近道をしようとしていたのに、それはただ遠回りする結果に終わってしまったことだった。

彼は個別相談を受けることにした。トレーダーは自分が機能すると信じられるだけの独自の売買システムや売買手法を持たなければならない。しかし、私がフィルを自分の顧客として扱ったとき、彼にはそうしたルール以前の問題があった。フィルの成功を阻んでいた唯一のもの、それは彼自身の心理的怠慢さだったのだ。

私たちがフィルの個人的な戦略、姿勢、および信念に目を向けたとき、自分に不利なようにカードを並べていたことは明らかだった。彼の行動パターンは、自己破壊的な行為の繰り返しだったのだ。ジャンクフードばかりを食べ、健康を害し、運動をほとんどせず、睡眠も十分ではなく、大量のアルコールとドラッグを摂取していた。トレードをしていないとき、長時間カウチに寝そべってテレビを見るか、友人たちと地元のクラブに顔を出して女性を引っ掛けようとするのが常だった。いかなる組織、教会、クラブにも属せず、彼を支えてくれる家族も友人もいなかった。

フィルの人生選択のすべてが成功の妨げとなるような信念と態度に基づいていた。彼は、人生とは勝つために必要な最も速く最も簡単な戦略を見つけ出せばよいゲームであると考えていた。若いころにあらゆるゲームに快勝したフィルは、勝利することに慣れてしまい、自分の天性の優れた素質によって、どんなゲームにも勝って当然だと考えるようになっていたのだ。もし自分がゲームに負ければ、自分が負けるのは明らかに間違っていると考え、ごまかしや、いんちきをためらわなかった。相場でひとたび損失を被ると、彼は腹を立て、それに報復したいと考えた。

そんなフィルも現在では、もし成功しようと思うのであれば、計画を最初からやり直して、始めなければならないことを理解している。

ひたむきな敗者

フィルの「トレーダー物語」は、けっして彼に限ったものではない。多くのトレーダーが同様の道をたどる。トレードを職業としてではなく、ゲームとしてとらえると、取り組む姿勢が遊び半分になってしまうのだ。そして、いったん「物事はこうだ」という心象を作ってしまうと、無意識に自分が思い込んでいる現実を裏づける証拠を探そうとしたり、その絵を補強したりするような状況を作ろうとしてしまうのである。

トレードの正攻法から足を踏み外しているパターンを確立してしまうと、自分のアプローチが間違っていることすら理解できなくなる。自分が間違っていることを認めるのではなく、むしろ自分のやり方が正しいことを示そうとやっきになるのだ。

自己破壊的な間違った戦略に深くはまり込んだトレーダーたちが、短期的には非常

「富豪街」への行く手には……

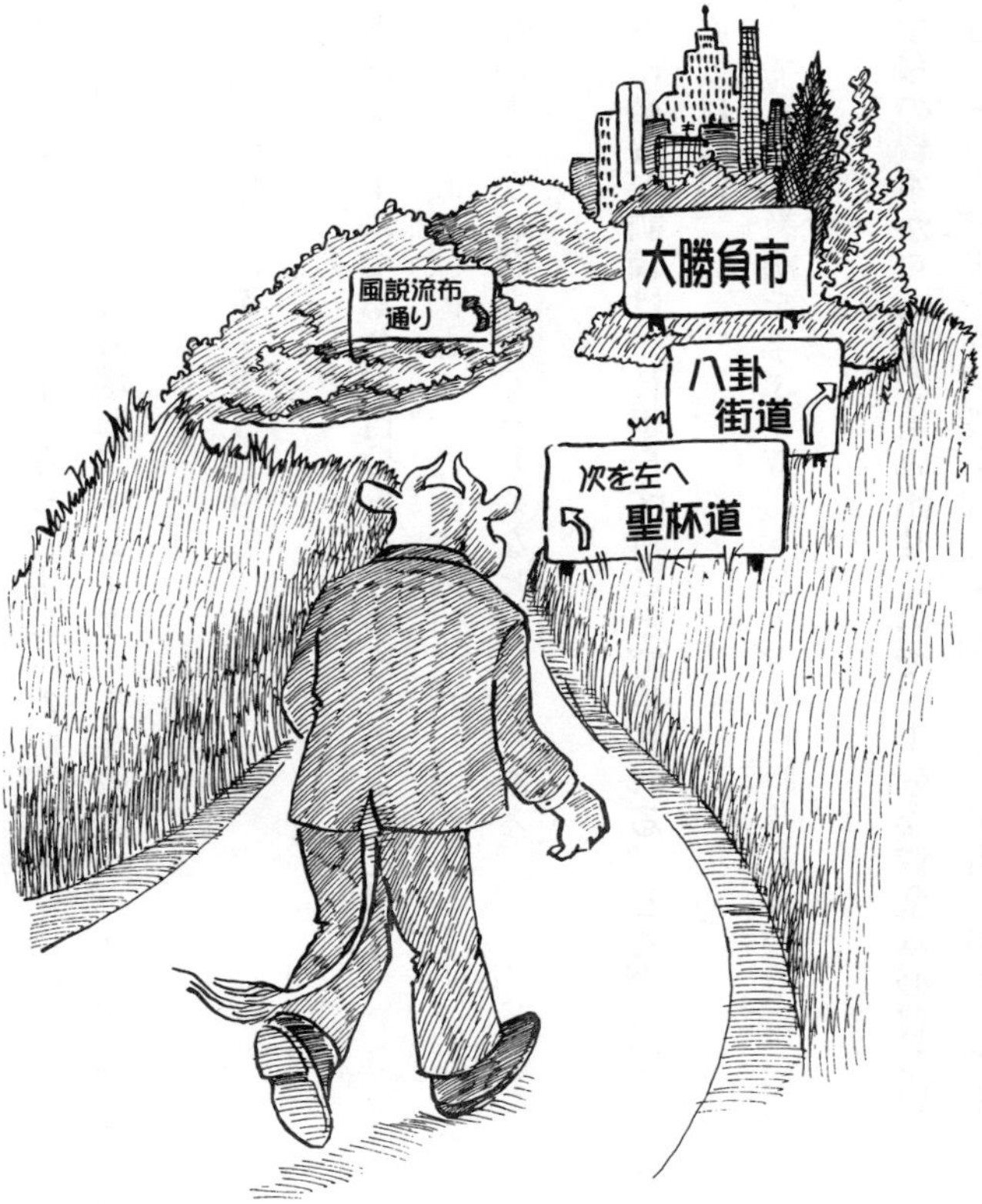
大勝負市
風説流布通り
八卦街道
次を左へ
聖杯道

に良い成果を上げる様子を目にしたことがある。彼らは大量のエネルギーを自分のやり方に投入するので、それが成果となって現れるのだ。だが結局は、ふくらんだスフレのように、売買システムは破壊し、トレーダーをその場から吹き飛ばしてしまうのである。

こうした「失敗戦略」の例を挙げてみる。

1　トレードとはゲームであり、自分もそういうものとして扱う。

これはフィルの失敗の原因となった信念の一つだった。トレードとは、それをゲームと見なさない人々がお金を稼ぐまじめなビジネスである。

2　トレードに必要な訓練は、仕事をすることで得られる。したがって、最初に入念に準備する必要はない。

実践を通じて重要な教訓を学ぶまでにトレードから脱落していることだろう。

3　自分は少量の資本から大金を生み出せるので、十分な資金は必要ない。

資金不足は、トレーダーが初期段階で脱落してしまう最も一般的な理由である。わずか五〇〇〇ドルの貯金を元手にトレードを始めた新参者たちが、またたくまにハゲタカによってすべてを失ってしまうことは非常に多い。

4 自分は成功への方法を買うことができる。

実際、私が知る豊富な資金を有するトレーダー数人に比べると、フィルは一文無しであった。資金不足のトレーダーが多い一方で、資金過剰のトレーダーもいる。彼らは大金を投じて成功を買おうとする。もちろん確固たる資金的基盤があることは重要だ。しかし、いくらお金があっても、努力すること、リサーチ、専門的技能、自己規律、自制心、そして時間を買うことはできない。

5 自分は資金管理や人生で自己規律を実践する必要はない。なぜなら聡明さ、素晴らしいシステム、無限のリソースがあるからだ。

「自己規律」という言葉は、痛み、損失、犠牲のイメージを思い起こさせる。多くの人が、そうした感情に対処できないか、対処したがらない。しかし若いころに自己規律を実践しなかった人が、トレーダーとしてのキャリアから、それを実践することは容易ではないのだ。

長期的に見て、かなり厳しい自己規律なくして、いかなるトレーダーも成功できない。

6　自分は資金を借りても、すぐに返済できる。

子供の大学資金、親戚、友人からお金を借りるか、または住宅資産を担保にお金を借りるトレーダーというのは、ラスベガスのルーレットにかけるのと同じ可能性に賭けるようなものだ。なぜなら彼らが扱っているのは「怯えたお金」だからだ。

愛する人々が将来必要なときにそなえて蓄積したお金を失う姿を想像したとき、心が憂うつになったら、その心が感じていることこそ従うべき最良の選択なのだ。

7　自分はどこででも売買ができる。

トレードに望ましくない環境で売買するのは、確実に失敗する別の近道である。自宅に、家庭のいかなる要求からも完全に隔絶された安全で居心地のよい部屋があるかもしれない。しかし、そうであっても自宅でトレードするのは望ましくない。例えば、トレードがうまくいかないとき、テレビがある部屋や台所をのぞいてしまう場合や、子供と一緒に遊びたいという誘惑に勝てなくなる場合があるからだ。

いろいろなことがうまくいっているときでも、これらの誘惑に負けてしまうことがある。その一方、たとえ一瞬たりとも仕事を中断する暇がなくても、自分以外の人たちは誰も自分の仕事時間を尊重しないだろう。

8 自分は売買システムを検証する必要はない。それが機能すると分かっている。

売買システムを適切に検証するのに必要とされる時間は、すでにその開発に多くの時間を費やしたトレーダーにとって無駄のように見える。ようやく分析を達成し、システムを開発し終えたころには、それが絶対確実であって、少なくとも成功をもたらすものであると考えるようになっているだろう。

唯一の問題は、彼が無意識に違いを知っているということだ。その結果、矛盾が起こり、行動を起こすことが難しくなる。

9 トレーダーの心理状態をとやかく論じるのは、ばかげている。

そう考えるのは結構だ。だが、これは最も一般的な、失敗を生むやり方の一つであるかもしれないのだ。資金を貯めるのに何年も費やし、研究し、システムを開発し、検証し、というふうに平均的といえるレベルまで努力をしたトレーダーというのは、しばしば、将来の成功への鍵を求めて、自分の内面に目を向けようとしない。この傾向は、自分のシステムに従ってシグナルが発信されたら、まるで機械のようにそれに反応することを旨とする、機械的トレーダーたちに特に顕著だ。

私は、これが真実であると信じるトレーダーたちのトレードルームで彼らの様子を見たことがある。しかし、彼らは内心、激しく動揺していた。

残念ながら、私たちは人間である。私たちの脳は刺激に対して感情的に反応するようにできている。これらの反応は、私たちを保護するために何百万年という間、進化してきたのだ。私たちは損失の痛みから我が身を守るために必要なことをしようとして、その過程によって、より多くの損失を引き起こしてしまうのである。

10　自分の目標は単純である。それは大金を稼ぐことだ。

この戦略のどこが間違っているだろう？　それは答えの一部にすぎないのだ。もちろん、トレーダーはお金を稼ごうと考えて、トレードを始める必要がある。しかし、将来お金と仲良くするためには、過去にもお金との関係が良好であった必要がある。

しかも、それは唯一の目標とはなり得ない。なぜなら、トレーダーは売買の過程を楽しまなければならないからだ。さもなければ、多くの刺激的で痛快な損失方法を生み出すことになるだろう。

失敗への道から脱するには

時速一四五キロのスピードで疾走する七五台の車を積んだディーゼル列車の方向を変えることは不可能である。レールのピンが一本でも壊れていたら、列車は脱線し、すべての貨物は破壊されてしまうだろう。見当違いの方向へ進むトレーダーが、認識を変えることなく、長期的成功につながる建設的な方向へと進路転換することも、それと同様に不可能である。そして自分のトレーダーとしてのキャリアを破壊することも、列車を脱線させることと同じくらい簡単なことなのだ。

アルコホーリクス・アノニマス（編注　アルコール依存症を克服するための自助グループ）の集会に初めて参加する怯えた出席者に向かって告げられるように、成功への第一歩は「あなたは問題を抱えており、助けを必要とする」ことを認めることである。トレーダーがそのような第一歩を踏み出すのは、得てして何度か痛ましい損失を被った後である。あるいは全く踏み出さずに終わるかもしれない。

自分のキャリアが永久に脱線してしまうのを待つのではなく、衝突せず方向転換する助けとなるような提案をいくつかしてみたい。

最初の、そして最重要なステップは、ビジネス計画を再評価することだ。何だって？

そのようなものは何もないだって？　それは私にとって驚きでも何でもない。

　包括的なビジネス計画を完成したトレーダーは、当然のことながら、正しい道の上にいると言える。しかし、そのような人々は極めて少数にすぎない。トレードに適したビジネス計画を開発するためには、本書のなかで論じてきたすべての問題とそれ以上の問題に対処する必要がある。

　トレードに適したビジネス計画を開発するには、ビジネスとしてトレードにアプローチする必要がある。自分の目標を理解し、それらに達することができる建設的な戦略を開発しなければならないのだ。例えば、トレードをするのに適切な環境を整え、適正な資金と個人的なリソースを開発して、自己規律について考え、心理状態をチェックして、目標の達成を妨げることがないようしなければならない。

　優れたビジネス計画をそのとおりに実行し、定期的に更新し、見直す必要がある。会計士や、銀行員や、弁護士や、サービス提供の分野の人々などと同様、ビジネスの習慣に関して経験豊富な人々と付き合うことも必要となるだろう。そして、ゴールに達するまでのスケジュールの途上で、達成できる目標を作成することも必要となる。

　優れたビジネス計画とは、自分が問題を抱えていて、助けを必要としているかをも示すようなものだ。そうすれば、助けを求める理由ができ、また自分の進歩を測定する手段があることになるのだ。どんな不測の事態にも備えることができ、どんな措置をとるべきかが分かっているというのが、優れたビジネス計画だといえる。

ちなみに、フィルにもビジネス計画に取り組ませた結果、彼はトレードに関してひらめきを得た。突然それを得たのだ！ トレードがビジネスと職業を一体化したものとなったのである。フィルにとってトレードはもはやゲームでなくなった。彼は成功に必要な努力をすると約束した。興味深いことに、自分の計画に従うことで、成功を望みながら失敗してしまう安易な道を選ぶよりも、人生もトレードもはるかに楽になったのである。

これは数年前のことだ。現在のフィルは安定的な成功を確立したトレーダーとなった。彼は成功に至る過程で結婚し、二人目の子供を得た。

結論

成功への道から踏み外すことは非常によくある。しかし迷い込んだ道は苦痛を伴う。その痛みは特にトレーダーが全速力で袋小路に突き当たったときに大きい。

得てして最も即効的な成果を生み出す売買戦略は、時間がたつにつれ、勝ち目のない戦略になってしまう。ビジネスとしてのトレードに欠かせない努力をせず、長期的な成功に必要な計画を立てなかったトレーダーがする選択というのは、その時々では道理にかなっているといえるからだ。そうした選択は、簡単で、単純で、手っ取り早いかもしれない。しかし、適切であることはめったにない。

最初にやっておくべきことは、その道から降りることである。その代わり、時間をかけて完全なビジネス計画を作り上げ、そして成功に至る道をうまく進んでいくべきなのだ。

第29章 トレーダーの自殺
TRADER SUICIDE

顧客のトレーダーであるジョーが、パニック状態で私に電話をしてきた。彼の兄が致死量にあたる睡眠薬を飲んで入院したというのだ。ジョーはこの問題にどう対処してよいか分からず、途方に暮れており、兄に何と言ってよいか分からずにいた。ジョーは私に聞いた。

「なぜ、自殺が唯一の選択肢というところまで追い詰められてしまったんだろう?」

これはトレーダーにとって、とても重要な問題だ。過去一〇年間、私は実に多くのトレーダーたちが「自殺したい」と訴えるのを耳にしてきた。幸いにも、私は彼らが自暴自棄から抜け出す方法を探し当てられるよう、助けの手を差し伸べることができたので、本当に自殺した人間はいない。

トレーダーには、実際に命に終わりをもたらす以外にも、自殺する方法はたくさんある。例えば……。

●たった一度の壮大な自殺的行為によって、トレーダーとしてのキャリアが粉々になり、すべてを失ってしまう。一度のトレードで、すべての資金が目の前で消失してしまうのを椅子に腰掛けたままパソコン画面を愕然と眺めているトレーダーは無数にいる。

●死なないようにとトレードを思いとどまり、ぐずぐず行動する。その最も容易で、また一般的なやり方とは、自分のルールや手法に従わないことである。

●周囲で支えてくれる人々――配偶者、家族、友人たち――との関係を破壊してしまう。自分の世界にたった一人で、しかも誰からも愛されていない状態で直面しなければならなくなる。多くのトレーダーが妻、子供、そして彼を常に気遣ってくれる人々を無視したり、不当に扱ったりしてしまい、適切に扱っていない。こうしたトレーダーたちに共通するのは、将来待ち受けるトラブルを示している明らかな兆候を無視し、人間関係をさらに壊してしまう、という点である。

●トレードの死や物理的滅亡を確実にする自己破壊的な行為をする。例えば、自分のキャリアを終了させてしまうだけの詐欺や不法な金融取引に関与してしまう。あるいは、過度な飲酒やドラッグなど自分の身体を痛めつけて、トレードできないような状態に自分を追い詰めてしまう可能性がある。

一時的な問題の最終的な解決

何が文字どおりの、あるいは比喩的な意味での自殺行為へとトレーダーを追い詰めるのだろうか？　最も一般的な原因をいくつか見てみよう。

1　難問

結局のところ、成功を収めたトレーダーの人生は高価なおもちゃ、美しい家、および他に豊かさを象徴するような虚飾で満ちあふれてくる。しばらくすると、そうしたトレーダーは、自分の人生や自己価値をこうした物質的に表現された成功で定義するようになる。

トレーダーが豊かになった結果は、ほとんどの場合、毎月の支出に組み込まれた諸経費となって現れる。成功すれば成功するほど、そして成功している期間が長ければ長いほど、毎月の諸経費は多くなるのだ。例えば、別荘のローンを支払わなければならないかもしれないし、私立学校に通わせる子供の学費、プールや庭の維持費、ホームヘルパー、カントリークラブへの支払い、およびほかの社会的な義務に伴う支払いなどである。

こうした富を象徴するすべての虚飾を失いかねない重大な損失を一度もしくは何度も経験するとしたら、トレーダーはどうなってしまうだろうか？　突然、絶望の恐怖にとりつかれてしまう。莫大な諸経費を来月もその翌月も支払い続けていくことなどできようか？　住宅ローンの支払いはどうなるのか？　学費の高い大学に通う娘を退学させなければならないのだろうか？　突然、カントリークラブから退会しなければならなくなったら、妻はどうするだろうか？　人生が突然変化することを、家族にどう告げたらよいのか、そして親類や隣人およびトレーダー仲間にどう対応すればよいのか？

面目を失い、社会的名声と地位を失い、家族の動揺、そして信用と経済的な安定性を失うと、トレーダーはパニックと絶望に打ちひしがれてしまうかもしれない。解決策は全く見えない。問題はあまりにも巨大であり、彼には過去いつもやってきた方法でしか、それに対処する術が見つからない。彼の考え方は融通がきかず、自分の作り上げたルールという枠組みを超えて、問題を解決する能力を失ってしまう。

この時点で、自殺が残された唯一のオプションであるかのように見え始める。心のなかでコーラスが繰り返され《リフレーン》、響き渡るのだ。

「自殺は唯一の選択肢……」

2 変化の脅威

変化に迫られた場合、ここでもまた、それまで成功を収めていたトレーダーが、自分は八方ふさがりで、選択肢は他にないと感じるであろうと想定しよう。このことは変化が、自分の日々の糧を得るやり方にかかわるものであるとき特にあてはまる。

例えば、立会場取引から電子取引への移行という変化に直面しているフロアトレーダーたちである。多くのフロアトレーダーたちが絶望感に襲われ、自分はこんな変化についていけないという思いにとらわれてしまう。変化を迫られたトレーダーは、彼の十代の息子がノートパソコンを自由自在に扱うのを見て、高校しか出ていない自分はパソコンに電源を入れる方法さえ知らないことを思い知る。高校を卒業して以来、彼は技術関係の本など読んだことがない。

これまでの経験上、全く縁のなかった技術について学ばなければならないと考えただけで恐ろしい。それに加えて、失敗を恐れ、バツが悪いという気持ちがある。そして「自分の物質面での豊かさを失ったらどうなるか……」と考え始める。自分は対処不可能な事態に直面しているとの思いに打ちひしがれれば、このトレーダーも考えるかもしれない……。あの歌詞の二度目のリフレーンである。

3　完璧なシステムが失敗した

正確に予測でき、非常に多くの利益をもたらしてきたテクニカル売買システムが突然うまくいかなくなっていることに気づいたとき、そのテクニカルトレーダーは何のなぐさめもない絶望感によって打ちのめされることがある。何年もの分析と検証の結果、彼はそのシステムを作り上げた。それはとてもうまく機能し、確実に相当の利益をもたらしてきたのだった。しかし、相場が変化してしまい、システムは新しい市場のなかでは機能しなくなったのである。

そのシステムを何年も使ってきたトレーダーにはもはや、再び原点に立ち返り、すべてをやり直す術が分からない。あるいはそうする気もないのかもしれない。完璧と思えるそのシステムを作り上げる過程で、自分のライフスタイルをも作り上げたのであって、再び出発点に退却するなどということは不可能だと感じているからだ。

ブルの切腹

彼もまた学習段階に立ち返りたくはないのである。自殺を考えるほかのトレーダーたちと同様、自分に支障をきたす事態に対処する準備ができていなかったのだ。彼にとって人生とは、これが自分の人生だと考えてきたものでしかない。あの歌詞の三度目のリフレーンだ。

4 雪だるま式にふくれあがる感情

動揺が激しく、ネガティブな感情に打ちのめされている状態では、自分に選択可能なほかのオプションは目に入りにくい。ネガティブな感情が蓄積されていけば、それが引き起こす痛みのレベルも強まる。痛みに伴い、私たちの意識のなかで聞こえてくる雑音のレベルも強まる。そのため、私たちは理性と創造的な問題解決の声を聞くことができなくなってしまう。

その結果、私たちの目に入る唯一の方法が「逃避」だ。通常、逃避したいという気持ちは、私たちが自分で作り出した「痛みを感じたくない」というところから生じている。

通常、ネガティブな感情が雪だるま式に膨れ上がり、自殺もしくはトレーダーとしてのキャリアの死に至る図式は、ある特別な出来事から始まる。しかし、ある一時期に起きる一連の小さな出来事が積み重なって、最悪の段階へと事態が悪化してしまうことがある。自分には対処不可能と感じるほど動揺し、痛みを止めるのに必要とあらば、どんなことでもすると感じるのだ。

ネガティブな感情が雪だるま式にふくれあがるきっかけとなる出来事とは何か？ トレード上の損失は明らかに最も強力な一因だ。トレーダーとしてすでに長期にわたって経験のある人間でさえ、予期せぬ損失に直面して、ネガティブな感情が暴走してしまうのを防げないことがある。

しかし、私生活上の損失やトラブルも同じように、ネガティブな感情の暴走の引き金になり得る。結婚生活の不和、別居や離婚問題の渦中にあるトレーダーは、感情的にずたずたになる可能性がある。家族の死、あるいは病気、事故や天災に巻き込まれるといったことは、すべてネガティブな感情がふくれあがるきっかけになり得る。あの歌詞の四度目のリフレーンだ。

防止策こそ最良の特効薬

●トレーダーが自殺の問題に対処する最善の方法は、人生最悪の段階に追い詰められてしまうのを防ぐよう、段階的措置を講じることだ。

- 自分がどれだけ感情的になっているかを客観的に測る。そして、ネガティブな感情が雪だるま式にふくれあがっている現状に自分を追い込んだのは自分自身だという事実を認識する。

- あまりに多くの責任や時間的義務、あるいは資金的な負担を自分に課さない。

- 自分が破滅しかねない状況に自分を追い込んでいるとき、それを認識するようにする。そのような状況がかもし出されつつあると気づいたなら、未然に防ごう。

- 支障をきたす可能性のあるすべてのことについて計画を立てる。こうして我が身を守る予防策を講じ終えたら、次に「自分の周囲で起きるあらゆる状況を予測することはできないのだ」という事実を認識する。そしてそれに対処するためのプランBを開発しよう。

●身体面でも感情面でも自分を大切にする。自分に過ちを犯す余地を許し、その過ちから回復するための時間を与えよう。

●人間関係を大切にする。トレードと同じくらい気を配る。

●そこで働き、また自分の立場に安心しているため、組織に対する忠誠心が非常に強い人々がいる。一方で、組織自体が安定していない事実を見過ごしてしまうわけだ。そうした理由から、自分の仕事とほかの組織やほかの役職を常に関係づけることが非常に重要となる。

●自分の技術と経験が何であるかを認識するようにする。そうすることで、別の立場でその技術と経験を生かせるようになる。ただし、以前の仕事で稼いでいただけの収入を得られないかもしれないという事実、また年齢に対する偏見に対処しなければならないかもしれないという事実に対し、備えておく必要がある。

結論（それは……義務ではない）

トレードというビジネスでは、損失とそれに伴って生じる苦痛の可能性があまりに大きいため「自分はその世界に入れない」という結論を下すかもしれない。しかし、それが実際に起こってしまうのを防ぐためにできることがある。もし最悪の事態の渦中にあって、自分のネガティブな感情が雪だるま式にふくらみつつあると感じるならば、直ちに責任を軽くし、人生を簡素化すべきだ。

まず物理的な問題から始めよう。そして家族や親友など一番重要な人間関係のように、より大きな問題、人生でより重要な問題の対処へと移行していってほしい。

トレードの自殺行為ともいうべき出来事のなかですでにお金を失ってしまったか、またはすでに自殺を試みた揚げ句に入院しているのなら、この時間をつかって、自分の人生はすでに終わっていて空しいと自分を納得させることもできる。一方で、この経験を利用して「二度とこのような段階まで追い詰められたくない」という警告を自分自身に与えることもできるのだ。

第7部 成功の選び方

Choosing Success

第30章　魔法の公式
THE MAGIC FORMULA

惜しいがまだダメだ

大成功を収めるための第一歩は、まず自分自身と独自の状況にぴったり合うやり方、すなわち「公式」を見つけることである。

ハーシーは完全な成功の公式を見つけ出すまでに何度も破産した。その回数があまりにも多かったため「どうやったら失敗するか」というマニュアルが書けるほどだ。それでも彼は魔法の公式を見つけるまで、けっしてトレードをあきらめなかった。ちょっとやそっと、やり方を変えただけでは金脈を探し当てることができなかったのだ。見つけたのは長く苦労と誠意を積み重ねた結果であった。しかし、彼がいったんその公式を見つけると、世界は彼の「天才」を認識したのである。

トーマス・エジソンは、彼に財と名声をもたらすことになった適切なフィラメントを見つけるまでに四万回も失敗している。その瞬間まで、彼が取り組んでいた事業は失敗だったのだ。

通常、トレーダーが目覚しい成功を収めるのは、自身の魔法の公式を見つけたおかげである。その公式は見覚えがあるものかもしれないし、全く独自のものかもしれない。いずれにせよ、それが自分にとって効果的な公式なのだ。

成功をずさんに扱わない

さて、成功はしたものの、それを維持できるだろうか？　大成功を維持するための第一歩は「その公式を台無しにしない」ことだ。それがうまく機能するのであれば、それが素晴らしくうまくいっているのであれば、そっとしておくことである。残念ながら、大成功を収めたいと思っている人々にとって、まず公式を見つけることよりも、それを捨ててしまわないことのほうが難しい。

退屈、変化の必要性、そして新たな挑戦心は、新システムの研究と創造を好むトレーダーが自分の公式を台無しにしかねない行為へとそそのかされる要因である。もっともトレーダーは、往々にして自身の魔法の公式を自覚していないことさえある。あるいは成功を生み出した魔法の成分や、成分の組み合わせさえ忘れてしまうかもしれない。その場合、トレードがボロボロになり、トレーダーは何が起こったのかが分からず途方に暮れてしまう。

また、トレーダーの人生に起こる出来事が影響する場合もある。それによって生活条件が大幅に変わった結果、成功を生み出すための魔法の成分がまだ存在しているのに、その公式がうまく作用しなくなってしまうことがあるのだ。

最高にうまくいっていた状態

大変な成功を収めているトレード会社のパートナーの一人として、ケンの年収は七ケタ台に達していた。九五％の確率で最高の仕事をしており、彼の仕事は絵に描いたように完璧であった。

それだけでなく、彼の家庭も素晴らしいものだった。ティーンエージャーの息子は、緑色に逆立てたモヒカンがりという、少々奇抜なヘアスタイルで、彼の娘はバックストリートボーイズに夢中で心ここにあらずの状態であるのは事実だ。未成年の思春期の子供たちが反抗的であったにもかかわらず、ケンは二人の子供たちとの関係を大切にしていた。

しかし、彼の人生の中心は、結婚して一九年になる妻のカレンだった。カレンは世の男性にとって、考え得るかぎり最高に愛情深く、献身的で、美しく、知的な配偶者であり、彼女に会った男性のだれもがケンを羨んだ。ケンが成功に至る、長く、険しい道を歩んでいる間、カレンは家族を支え、子供を産み、家庭を維持したのだ。私のセミナーに出席したケンは、カレンを絶賛した。「ぼくは世界一幸運な男なんだ」

ところが、わずか数週間後、ケンは出張先で、ある女性に出会い、それによって彼の世界は大きく揺らいでしまったのである。

それから二カ月後、彼は家族を捨て、新しい恋人と新しい生活に踏み出した。そしてさらに五カ月後、ケンの人生は急降下し始めた。

彼の妻は財産分与をめぐって、ケンを訴えた。また彼の新しい愛人は利己的で、厳しく、また物事を牛耳りたがった。彼女が彼の私生活や仕事に口を出すので、ケンと会社のパートナーとの間に亀裂が生じた。またその女性は自制心がなかったため、ケン自身がこれまでの人生で培ってきた自制心も崩れ、トレードも壊滅的な状態になった。彼は現在、資金的破綻への道を進んでいる。

ケンが並外れた成功を成し遂げることができたのは、成功が流れ込んでくることを可能にした「彼にとっての魔法の公式」をついに発見したからだった。そして彼が破滅の道を歩み始めたのは、その公式を省みなくなったからだ。

現代科学の世界では、生化学者は学術論文で目にした実験結果を再現しようとしたとき、魔法の手順を見つけるまで何度も失敗を繰り返すという。そして一連の順序をまさに正解どおりにやってみて「やった！ うまくいった！」となるのかもしれない。そこでもし、その手順を何かしら変えようとすれば、そのうまくいっていた実験はまた失敗へと逆戻りするだろう。成功への魔法の公式を持つトレーダーにも同じことが起きる可能性があるのだ。

新しく改良されて――微調整の利点

それでは、魔法の公式というのは、けっして変更できないことを意味するのだろうか？ とんでもない。その公式がうまく機能していた状況が変化したため、もはや成果を上げなくなることがある。その場合、現在の状況に合うように公式を更新しなければならない。例えば、かつての相場状況下では無敵ともいえるほど強力だった売買システムが、その状況が変わってしまった結果、もはや利益を生まなくなってしまう

魔術師ブルの実験室

ことはあり得るのだ。

「微調整」とは、うまくいっている部分から利益を得、またさらに有効なものとするためには何ができるかを見つけ出すために、現在機能している公式をどう改善するか、その方法を探すことを意味する。それは浴槽の湯を抜くとき、赤ん坊まで一緒に放り出してしまう（大切なものを一緒に捨ててしまう）こととは逆のやり方だ。

長時間使い続けてきた公式が成果を生み出し続けるようにするために、微調整が必要なこともある。例えば、時間の経過と共に勢いを失ってしまった古い売買システムをわずかに調整するだけで、その性能に新たな生命力を吹き込むことができるかもしれない。微調整をするとは、その公式に新たな成分を追加したり、そのやり方に修正を加えたりすることを含む。

もし、トレードに微調整が必要であれば、過去に自分が作り上げたものを振り返って、自分のやり方で改善できるものがないかチェックしてみてはどうだろうか。例えば、もし違うやり方をしていたら、その結果はどうだったか見るため、検証結果を分析してもよいだろう。仮にストップ幅や建玉の大きさ、あるいはトレードの回数を変えたとする、あるいはテクニカル指標に直感に基づく指標を加えたら結果はどうなるだろうか？

お金を稼ぐ牛は尊敬されない

公式を改善し続けることができるのは本当だ。しかし、変更を加えるごとに、成功と失敗の微妙なバランスを考える必要がある。

私の父は何年も前にニューヨークで、ブールバードダイナーというレストランを経営していた。それは素晴らしい食事を提供する簡素なレストランであり、しかも儲かっていた。これが彼にとっての「お金を生む牛」の原型であったわけだ。しかし、私の父は信じられないほど成功していたにもかかわらず、そのレストランに満足していなかった。彼が望んでいたのは高級なレストランだったのだ。

彼は「お金を生む牛」ではなく「お金を生むサラブレッド」を欲し、次々と高級レストランをオープンさせた。そしてそのすべてが相次いで失敗したのである。

何年も前に知り合ったデレクというトレーダーは、非常に裕福な生活が可能となるような方法を見つけ出した。彼の方法とは、地元のコミュニティーセンターで、無料セミナーを開き、多くの小金持ちの顧客を見つけるというものだった。

自分がビジネスの天才であると確信したデレクは、さらに手を広げることにした。彼はこう考えた。小さなコミュニティーセンターを通じてこれだけの収益を得ることができた。ならば資産規模の大きい顧客の投資を募れば、その利益はどんなに大きいことか……。

彼は「お金を生む牛」があまりにも平凡で、予測がつき、限界があると感じたのであった。そしてコミュニティーセンターに背を向け、非常に洗練されたマーケティングの仕組みを開発したのである。

唯一の問題は、それがうまくいかなかったことだ。彼は新しいマーケティング・アプローチで何年も取り組んだ。だが、以前ほどの成功に達することは二度となかったのである。

今も彼は成功可能な公式を見つけ出そうと努力し続けている。最近では「元の戦略に戻ろうと思う」と語っていたが、もはやその機会も失われてしまっていた。魔法の手順から外れてしまった挙句、元に戻れなくなったのだ。

家族と魔法の手順

「それが壊れていないのであれば修理すべきではない」――。この大昔のことわざは現在も私たちの間で使われている。それが多くの真実を含んでいるからだ。

先ほど述べたケンとパートナーたちの魔法の公式は、何百万ドルという利益を稼ぎ出しており、私の父のブールバードダイナーなど比較にならないほどであった。「お金を生む牛の群れ」のようなものだ。

彼は公には、自分は一生懸命にやっていると弁解していた。しかし、その時点の彼は、自分の人生に新しく刺激的な恋愛を求めていたのだ。ケンの問題は、彼にとって家族が大成功をもたらしていた魔法の公式の重要な成分であることに気づいていなかったことであった。

彼はなぜか、妻がいかに彼のために自分を犠牲にし、そしていかに彼を強力に支えてくれていたかを忘れてしまっていたのである。家庭での彼女の働きが、物理的にも感情的にもケンを解放し、彼がトレードで最高の成果を上げるために必要な、頭がすっきりした状態を保つことを可能にしてくれていたのだった。

背伸びのしすぎ

ジョッシュというトレーダーは、安定的収入で生活することで安心感を得ていた。ところが新しく住宅ローンが加わり、家族が増えると、その快適な状態から押し出されてしまい、安心感を得られなくなり、トレードも止めてしまったのである。

ジョッシュと同様、多くのトレーダーが能力を最大限に発揮するため、安定し、管理できていると感じる必要がある。そうしたトレーダーたちの場合、自分の資金レベルが過度に拡大すると、魔法の公式のデリケートなバランスが崩れてしまうわけだ。

ここに皮肉な事実がある。自分が欲しいと思ったものを得ている一方で、その間に自分が成し遂げたことを失う種を自らまいているのだ。

覆水盆に返らず

「魔法の公式」を見つけたトレーダーがそれに飽きた、もしくはそれに束縛されていると感じ始めるとは、どういう意味だろうか？　「ありふれた牛を、はるかに大きく、よりすばらしく、より洗練された都会の牛と取り替えることはできないだろうか？」「いかなる変化や改良もその公式を台無しにしてしまうだろうと恐れて生きていくべきなのだろうか？」……。鋭い質問だ。

第一に、魔法の公式が実際に何か明らかにしなければならない。トレーダーがなすすべてが、あるいはその人生にあるあらゆる条件が、その公式を成り立たせているわけではない。普通、その公式に影響を与えなくても変更や改善できることはかなりある。実際のところ、公式を劇的に改善するため、微調整を加えられることはかなりあるのだ。問題は、自分の成功をもたらしているものが何であるか理解していなければ、自分の幸福と成功の価値に対する尊敬の気持ちを失いかねないということだ。

第二に、なぜ変化が必要であると感じるか理解しなければならない。人生で欠けているものは何か？　もしさらなる刺激を求めているのであれば、トレードを変化させて新しいリスクを負うことよりも、むしろ新しい趣味を見つけるほうが適切な対処方法であるかもしれない。気力が不足していると感じ、大きな変化が必要だと考えるなら、食生活を改善したり、スポーツクラブの会員になったり、成人向けのスポーツチームに加わるほうが有益ではないだろうか。

もし自分のトレードが目標達成に向かっていないと感じているのであれば、セミナーに参加したり、新しい本を読んだり、師匠やコーチを見つけたりする必要があるかもしれない。結婚生活に不満を感じているのであれば、結婚を破棄して自分が破滅するのではなく、カウンセラーに相談したり、配偶者とより多くの時間を過ごしたりして自分が相手になぜ恋をしたのか、その理由を再発見してはどうだろうか。

第三は、実行計画を立てることだ。計画には目標が必要であるから、なぜ自分が変化を望むのかという理由と、何を達成したいと望んでいるのかを言葉で表現する必要がある。

最善の方法の一つは、ビジネス計画を設計し直して、定期的にそれを更新することだ。この戦略によって、過去に何を成し遂げたか、以前にうまくいっていたことは何か、そして将来到達したいゴールは何かを認識できるだろう。その結果、刺激と変化の必要を感じて単純に反応し、レーダーなしで飛ぶなどという必要はなくなるのだ。

結論

成功しているトレーダーは、時間がたつにつれて、自分の「魔法の公式」を変えたいという衝動にかられる傾向がある。金の卵を生むガチョウを殺そうとしているのを理解していないのだ。

変化を望んでうずうずしているならば、荒療治で悲しい結果を生むよりも、むしろ一連のこまめな措置を講じることで望ましい変化を得たほうがよいだろう。ただし、まず自分たちに成功をもたらしてくれたものが何か、わきまえておく必要がある。そして将来の幸福のために、その本質を保持することが必要なのだ。

第31章　どこを叩けばよいか知っていること
KNOWING WHERE TO TAP

昔からトレーダーたちによく聞かれる質問がある。

「なぜ自分たちのトレードの問題を解決するために神経言語プログラミング（ＮＬＰ）のカウンセリングに大枚をはたかなければならないのか？」

こうした質問をするトレーダーにかぎって、毎週もしくは隔週に催される単価の比較的安い、古典的セラピーを何カ月あるいは何年にわたって受けていることが多い。これほど長く治療を受けているにもかかわらず、自分が望む成果を得ていないのであれば「私との二日間のために、大金を使ってみてほしい」と頼んだところで納得するだろうか？　これは素晴らしい質問である。この回答として、まず私のお気に入りの話を紹介することから始めよう。

長期航海に向けて準備していた船が故障してしまった。エンジニアたちは船を動かすために、普段しているすべての措置を講じてみたものの、うんともすんともいわなかった。ちょうどそのとき、賢いが世間知らずの若いエンジニアが、電話帳をめくり始めた。あるテレビコマーシャルで「見れば何でも探し当てられる」と宣伝していたのを思い出したのだ。

くまなく探した結果、どんな船も修理できるという ある男の広告を見つけた。若いエンジニアは、この〝フィックスイット〟氏に連絡をし、「もし船の調子を見に来てくれたら、みんな助かるんだが」と伝えた。

まもなく男はやってきた。ハンマー一つを手に男はボイラー室に行き、長いことかけて状況を調べていた。そして、ハンマーをふり上げ、ある箇所を叩いたのである。即座に船は始動した。

皆が嬉々としていると、その男は手を差し出して言った。

「一〇〇〇ドルいただきましょう」

たった一撃の仕事に一〇〇〇ドルも請求するなどとは信じられない。船長は「明細書を見せてくれ！」と叫んだ。すると男は「結構です」と答え、さらさらと明細請求書を書くと、それを船長に渡した。その明細請求書にはこう書かれていた。

叩く作業……一ドル
どこを叩くかという知識……九九九ドル

心の変化は即座に起きる

機械を動かすためにどこを叩けばよいか分かっていることが重要であるように、人々を効率良く、効果的に働かせる必要があるとき、どこを叩けばよいかを理解していることは重要である。心理面の劇的変化は一撃にして起こるからだ。ただし、その変化がどこで起きるか分かるまでには時間がかかる。劇的な変化を起こすのにどれくらいの時間がかかるかは「叩く」人の経験、トレーニング、そしてどの部分をいかに叩くか判断できる知識にかかっている。また顧客が変化をどれほど望んでいるかにもよる。この原則こそＮＬＰの基礎を成すものなのだ。

トレーダー「叩き」

優れた売買手法を持っていたとしても、結局のところ、トレーダーとしての成功は売買する方向に自分の心を叩けるかにかかっている。トレーダーに恐怖による心理的抵抗があれば、自分のやり方や自分自身を妨害してしまうだろう。

意志決定の瞬間は、古傷と向かい合い、将来の失敗や成功の絵を自分で描けるか、という能力によって定義される。例えば、優れたタップダンサーが一つのステップから次のステップへと流れるように、トレーダーも自分のシステムから最大限の効果を引き出すために、同じような流れがなければならない。

マイケルは優れたトレーダーであったが、強いストレスを受けると傷つきやすい子供のようになってしまう傾向があった。このパターンが現れると、彼は優柔不断になり、トレードの成果が妨害されるのだ。トレードを始めたばかりのころは、こうした強いストレスを感じることが年に一度という程度で、まれであった。ところが、数年の経験を積むと、その頻度は一カ月に二度へと増えたのである。

彼が私に連絡してきたのは、それがさらに頻繁に起こり始めたころだった。マイケルには、より多くのストレスを感じてもおかしくない理由があった。生まれて間もない彼の息子は自閉症と診断され、彼の妻は子供にかかりきりで、疲れ果て、意気消沈していた。マイケルが夜、家に戻ると、妻は不満を述べ立て、彼にいろいろなことを要求するので、彼は惨めな気持ちになるのだった。

私たちは、マイケルの現状への対処に加え、彼の仕事を妨害する原因となっていた心理状態という、以前から起きていた問題にも対処しなければならなかった。

先手を打つ

マイケルは自分の人生について、彼が何か偉大なことを成し遂げるよう運命づけられているように思えると私に言った。彼が大成功することを妨げるものは何もないように見えたが、私は直感的に何かあると感じた。そこで私は「先手カウンセリング」と名づけた方法を実践した。

これは、ほかのトレーダーたちの心理的な妨げとなっていた問題についてさまざまな話を紹介する過程で、クライアントの反応を見るというものだった。そしてクライアントが、自分の人生で同じような状況を経験し、そのことについて話さずにはいられないと感じたとき、耳を傾けるわけだ。

実際、マイケルも無意識に反応した。彼が語ったのは、子供のときサマー・キャンプ・カウンセラーによって無理矢理、不適切な行為を強いられたという経験だった。マイケルがこの事件について話したとき、彼はその出来事はもはや何の影響も及ぼさないかのように自分の感情から解放されたのであった。後に、別の状況のなかで、この出来事が、彼のトラウマであったことが分かり、そのために彼は「自分が成功にふさわしくない」と感じていたことが明らかになったのである。

どこを叩くか学ぶ

私は自分が難しい離婚問題に直面していたころに心理学を研究し始めた。私の夫は、ベトナム戦争に参加したことによる心理的な影響に苦しんでいた。自分を無力で弱い存在であると感じた私は、心の作用を理解する必要があると考えたのだ。私は、普通の人間が一つでも恐ろしい瞬間を経験することで、なぜたちまち問題を抱えた人間になってしまう可能性があるのかを理解したかった。つまり、もし人間がそれほど短時間で望ましくない変化を遂げてしまうのであれば、同じくらい短い時間で良い変化を遂げることもできるだろうと私は確信したわけである。

まず、私はさまざまな形式の「話す心理学」を調べた。古典的「話す心理学」では、人は「なぜ」問題が起こるかを発見しなければならない。発見するまでに時間が長くかかることがある。それが分かっても、劇的な変化を起こすのに、ほとんど影響しないことがよくある。

次に、私は催眠学を研究し始めた。それは有益であるものの、効果をもたらすためには別の種類の心理学に関連づけて用いる必要があることを知った。そしてエリクソニアン催眠を学んだことから、私はNLPを知ったのである。

もちろん、あらゆる心理学が自分にとって有益なものであった。しかし、NLPは変化をもたらす点で最も速く、最も効果的だった。熟練したNLPの療法士であれば、人が自分をどうプログラムしたか、そしてどこを叩けばよいかが分かる。そして叩くポイントさえ分かっていれば、それによって起きる劇的な変化はきわめて短時間にもたらされ、しかも効果があるのだ。

再びベトナム

トレーダーたちと仕事をしていると、ベトナムの悪夢へと立ち戻ることが何度もある。彼らの多くは、何年もセラピーを受けていた。しかし、ベトナムの悪夢も忌まわしい体験も、彼らの生活に支障をもたらし続けただけだったのだ。最近、私は何年にもわたって戦争のフラッシュバックに悩まされ、またそれがトレードの妨げにもなっていたという顧客から次のような電子メールを受け取った。その主であるピーターは引用を許してくれた。

「まず、お会いして以来、フラッシュバックが起きない、何もない、ゼロ、皆無となったことをお知らせしなければなりません。おかげさまで私の意思決定能力は最高の状態に戻りました。妻でさえ、あのお金は無駄ではなかったと言ってくれています。もっと早くそうすれば良かったと思う次第です。昨年一年、全般にわたって、ビジネスに関しては始めから最高の年になりました」

この手紙にあるような劇的な結果がもたらされたとしても、それはけっして驚くべきことではない。たしかに、ピーターは非常に意欲的な人間であった。顧客に意欲があることは、その公式のなかで二番目に重要な要素として考えられる。しかし、トレーダーが、いったん自分の成功を妨げている問題に取り組もうと決意し、正しい方法を適用すれば、押しとどめるものは何もないのだ。

それでは、次の質問について考えてもらいたい。

1　自分には目的達成を阻む自己妨害のパターン、トレードを妨害するものがないか？　もし答えが分からないのであれば、次のように自問してほしい。「一度あるいは数度にわたってトレードに成功するたびに、それ以上を相場に多く戻す傾向がないか？」「自分は必要以上のことをトレードで成功するためにやっているのに、目的を達成できずにいるだろうか？」「ギャンブルや、過度の飲酒、ドラッグにふけるといった自己破壊的な行為により、結婚や家庭生活に危機をもたらし、自分の健康も害しかねない状態だろうか？」。もしそうであれば、自分には妨害するものがあるはずだ。

2　時間とお金がかかりすぎると考え、この問題に取り組むことを先延ばししていないか？

3　自分を助けてくれる人の能力を信用できるか？　多くの時間とお金をつぎ込んでカウンセリングを受けたにもかかわらず大きな変化がない、というようなひどい経験を過去にしたことがあるだろうか（あるいは親しい人のなかにそんな経験をした人がいるだろうか）？

4　もし、昔からの問題や課題やパターンを転換させようとするプロセスが、非常に即効的かつ効果的であるとしたら、そのプロセスは、どれだけの恩恵となってトレード結果に現れるだろうか？　言い換えれば、自分はこうした未解決問題のため、どれくらいのお金を失い、毎年どれくらいのお金を稼げずにいるだろうか？

5　自分はその変化が起きることを望んでいるか？　そして自分の態度、信念、および振る舞いについて、その変化を恒久的なものにするため、必要なことは何でもしようと考えているだろうか？

6　あるいは、どれだけ自分自身や自分に最も近い人々に不幸をもたらすかにかかわらず、現状にかなりの問題を抱えてないだろうか？

ボトムライン

カウンセリング・サービスの代価を判断する基準は、トレードに関する多くのサー

ダイアモンド研磨士ブル

ビスやサポートシステムを買うときと同様に考えるべきである。つまり「リスク対報酬の比率はどれくらいか？」である。自分がサービスに支払った費用は、それのもたらす資金的利益に見合ったものか考えるわけだ。

あるサービスを受けたために支払った額が、それによって得る資金的利益よりも多いのであれば、それは不利な投資である。例えば、一〇〇〇ドルをあるトレードサービスに支払い、しかし利益がそれに対して増えないのであれば、その投資は賢明でなかったということになる。他方、あるリソースに投資をした結果、利益が投資の何倍にもなる場合、その選択は賢明だったといえる。

かつて、最初の年に七万五〇〇〇ドルのトレード資金を三〇〇万ドルに増やし、二年目には一〇〇〇万ドル超を稼いだ、非常に意欲的な顧客を担当したことがある。その成果を「支払った額」による最大の恩恵であると考えるなら、まさにそのとおりだ。彼が週末にNLPカウンセラーと真剣に作業したことは、彼の賢明なる投資ではないだろうか？　彼は成果を上げ、それを維持するために、しっかりと努力したとは思わないだろうか？　この顧客は並はずれて意欲的な人物であり、だからこそカウンセリングを受けることで、トレードの成果が劇的に改善されたのである。こうした事例はけっして珍しくない。

適切なカウンセラーを見つける

私はどんなトレーダーでも助けられると言いたいところだが、それは明らかに事実と異なる。どこを叩けばよいか正確に判断してくれるカウンセラーを探し出すためには、個々のトレーダーが自分と自分の特別な状況にぴったり合った人物を見つけなければならない。私が電話してくる人を皆顧客として受け入れることがないのと同様、トレーダーはカウンセラーを選ぶ確固たる評価基準がなければならない。

1　このカウンセラーは、これまで自分と同じような問題を抱えたトレーダーを扱った経験があるだろうか？

2　その人物についての問い合わせ先などをチェックし、その人物が担当してもらった経験のある人と話したことがあるか？

3　自分が信頼する知人の紹介か？

4　自分は、このカウンセラーの話を聞いたことがあるか、もしくはその人物の著書を読むなどして、その人について何かを知っているか？

5　自分はうまく、この人物と共に作業できるだろうか？　この人物の助言に耳を傾け、それを実行するほど、その人を信頼しているだろうか？

結論

自分のトレードの妨げとなっている問題をいかに解決すべきか考え、しかもカウンセリングにお金を使うことに迷っているのであれば、問題を放置しておくことの代償について考える必要がある。現在のやり方を続けるというのであれば、それによって支払うべき代償とたった一度のカウンセリングの費用とを比較して考えるべきだ。

ただし、費用や即効性にかかわらず、それがチームによる仕事である点をけっして忘れないでほしい。注意してほしいのは、一台の機械とは異なり、そのトレーダーにとって適切な場所を叩いたとしても、すぐさま効率的な成果が現れるかは、それをトレーダーが自ら切望している場合に限られるのだ。

第32章　楽観主義と機会を選ぶ
CHOOSING OPTIMISM AND OPPORTUNITY

相場のせいで心理状態がネガティブになってしまうことはないだろうか？　もしそうだとしても、そうなってしまうのは自分だけではない。強気相場のなか、自分のやり方に従って多額の収益を上げ、安心かつ良い気分になり始めていたちょうどそのとき、相場というものは、真のトレーダーたちを相手にピラミッドゲームをしていたトレーダーたちを排除するものなのだ。

相場が過剰買いの状態にあることを知っておきながら、やがて到来しつつある売り相場に備えていなかったトレーダーがあまりにも多いことに私は驚きを隠せない。一方、相場の実情に備えていたトレーダーたちは元気にあふれ、私に連絡をしてくる。彼らは「楽観的で機会ある心理状態」とでも呼ぶべき状態にある。そうした顧客の一人が最近こう語っていた。「多くの人々がお金を失っているのを知っているけど、私たちはまだ、とてもうまくやっているよ」

参加を拒否

最近、読んだ本の話だ。その著者は自分に強い教訓をもたらした経験について説明していた。

不動産不況期に開かれた業者の集会に著者が出席したとき、多くの人たちが「この不況を乗り切るだけの資金がなく、どうやって事業を続けたらよいか分からない」と嘆くのを耳にしたという。ところが、そのなかに、とても幸せそうで、前向きなエネルギーに満ち溢れているように見える人がいた。

著者はその笑みを浮かべた男に「あなたはきっと不動産業者ではありませんね」とたずねると、その男は「いや、私もその一人ですよ」と元気に答え、さらに自分の仕事は非常にうまくいっているといった。不動産市場の不況について意見をかわした後、この不動産業者はこう宣言したのだった。

「この不況に加わるのはゴメンだね！」

相場が急落したにもかかわらず収益を上げる者はいる。この事実は今もなお変わりはない。あなたがそのなかの一人でないとすれば、自分の運命や陰鬱な話に共感し、傷をなめあう人はたくさんいるだろう。そうでなければ、あなたはこう宣言する数少ないトレーダーのひとりであるかもしれない。

「この下げ相場に加わるのはゴメンだね！」

二重の「ゼロ」のジレンマ

すべてが自分の思いどおりに動いているとき、ポジティブな心理状態で目覚めるのは簡単だ。景気は良く、自分はお金を稼ぎ、世界は思うがままだ。そのやり方がうまくいかなくなれば、不愉快になっても当然だと思うし、同じような状況にあって、自分に同情してくれる人々を大勢見つけ出すことができるだろう。

しかし、自分の意識がネガティブなことに集中し、自分の貧しさを認識し、相場が困難であることは当然だと考えているとき、もし機会がめぐってきたら、自分はそれを認識できるだろうか？

より大きな問題を防ぐ

ロニーが電話をしてきたのは、約二年前のことだった。彼はそのときまで巨額の収益を上げ、恵まれた生活を送っていた。しかし、その少し前に見舞われた悲劇が自分の家族や従業員、そして彼のライフスタイルを成り立たせてくれている人々を養い続けることができなくなるのではないか、という心配をもたらし、私のところに連絡してきたのであった。

彼のトレードのやり方は、かなり相場の活況に依存しており、ロニーも自分が強気相場の恩恵を受けていたことを知っていた。ところが、強気相場が完全に終わる前から、新たな「損失の恐怖」がそれまでの彼のポジティブな心理状態に影響をもたらし、彼は突然、損失を被るようになったのである。

通常、恐怖はトレーダーにとって忌むべきものだ。しかし、ロニーの場合、結果的にははるかに大きい問題を未然に防ぐ「一時的後退」としての役割を果たすこととなった。

天性の楽天家であったロニーは、自分の周囲にはたくさんの機会があったという。少なくとも彼はそう思っていた。生まれながらの楽天家のため、どんなに相場の調整があっても、自分は楽に乗り切れると思っていたのだ。そのため困難な時期を想定して、不測の事態に備えるということがなかった。

ところがある日、ロニーに親友の妻から電話がかかってきた。彼女は自分の夫が車で大事故に遭い、もし命が助かっても再び歩くことはできないだろうと、ヒステリックな調子で説明した。かつて、最高の収益を上げ、楽天的だった家族思いのロニーの友人は、怒りっぽく、人に世話をしてもらわなければならない病人になってしまったのである。

この出来事によって、ロニーは新しい現実に目を向けた。彼は自分が弱い存在であると感じ始め、最高の状態で成果を上げるというライフスタイルを維持する能力が自分にあるのか疑問視し始めたのだ。彼のいつもの「楽観的で機会ある心理状態」が、突然「物事すべてがうまくいかなかったらどうなるかという心理状態」へと滑り落ちてしまったのである。彼が私に連絡をしてきたのはそんなときだった。

トレーダーが抱える問題の根本的原因が明白であることはめったにない。友人の悲劇がロニーの恐怖のきっかけになったとしても、その真の原因は深く、彼の子供時代に根ざしていた。

ロニーは子供のころ、犬を飼うことを夢みていた。その夢はスポットと名づけた犬が家族の一員となることでかなえられた。ところがある日、彼はスポットが死んでいるのを発見したのである。毒殺されたのだ。

ロニーにとって、それは大きな打撃だった。証拠はなかったが、ロニーの家族は、スポットを毒殺したのが子供や犬を嫌っていた隣人に違いないと考えていた。彼は、愛するスポットを失ったことに非常に激しい心の痛みを感じたが、自分の怒りや痛みを表にしなかった。それを見ることで隣人が満足するのを許せなかったのだ。

そこで、彼は自分の感情をひた隠し、ペットの死に少しも影響を受けていないかのようにふるまった。それでも、ロニーはこの隣人に仕返しをしたかった。「お前が大変な成功を収めれば、こういう男に仕返しすることになるんだよ」と、彼の父親は言った。父親はさらにこう告げた。「お前が有能で、金持ちであるなら、あの男のような人々はお前に指一本ふれることはできないさ」

ロニーの苦痛はあまりにも大きく、その苦痛を止めるためなら、彼はどんなことでもやってみるつもりだった。当時の彼には痛みを止めるほかの方法が分からず、ただ父親の忠告に従ったのである。それはうまくいった。成績優秀者になることに意識を集中させることで、彼は自分の深い悲しみから意識をそらすことができたのだ。

ところが、何年も後になって彼の友人の事故が起きた。これによって彼は、世界の

ブルはビーチへ……

すべてのお金をもってしても、悲劇の的になることから自分を守れないという事実を痛感したのである。

根本原因は襲いかかられることを待っている

私が過去一二年間トレーダーをコーチしてきて発見したことは、どんなに健康で、どんなにうまくいっている心の持ち主でさえ、その奥深くには、トレードを妨害しかねない可能性を秘めた、幼年期からの問題が潜んでいるということである。

こうした古く未解決の問題は、再浮上の機会をうかがっている。そして一見無関係と思われる状況で、新しい問題となって浮上するのである。このような問題は癒されなければならない。ただし、中核となる問題に取り組み、転換させないかぎり、妨害の問題は形を変え、新たな問題として何度でも再現されるだろう。

恐怖をつのらせる

恐怖とはどのようなものだろうか？　あなたにも恐怖にまつわる劇的で説得力ある

話があるに違いない。あるものは正当なものであり本当のものである。ただし、私がここで言う妨害の原因となる恐怖とは、幼年期の「怪物」に似た恐怖である。当時も現在も、そうした真相の影によって心配な気持ちにさせられるのだ。

「しかし……」。こう言いたくなるだろう。「事実は、自分のお金がどんどん失われていることなんだ。そして自分が蓄積したすべてを失うことになるずっと前に、この状態を何とかしなければならないんだ」

そのとおり。今のままの考え方と行動パターンを続けていれば、確実にすべてを失うだろう。もちろん、最もポジティブな心理状態にあったとしても、すべての問題を乗り越えられるという保障はない。しかし、そのような心の状態にあるほうが、ネガティブな状態にあるよりはるかにマシなのだ。

自分の恐怖をきちんと分析してほしい。そうすれば、自分の小さな正当化はむしろその恐怖を増幅させていること、そしてそれによって問題は拡大し、解決を考え出す健全な心理状態になることが妨げられてるのだと分かるだろう。

あなたが考えるものを引きつける

心とは、考えているものを引き付ける磁石のようなものだ。この問題に関して書かれた本は多い。心に思い浮かんだ古典的作品を二つ挙げれば、ナポレオン・ヒル著『思考は現実化する』（きこ書房刊）と、クロード・ブリストル著『信念の魔術』（ダイヤモンド社刊）がある。恐怖について考えればそれは増幅し、恐怖を押し隠せばそれは再び表面に現れる。

恐怖を排除する唯一の方法は、それに向かい合い、それが適切な感情をもって表現されることを許し、それを何かポジティブなものに変え、成功している人ならだれでもしていることを実行することだ。成功しているモデルに従うか、新たに創造するのである。

ロニーの心のなかで再構築すべきモデルとは、彼がそれに従って成長してきたモデルだった。「楽観的で機会ある心理状態」である。しかし、私たちはまず彼の恐怖を変化させる必要があった。

成功への階段を登る

よく言われる「成功への階段」もしくは「はしご」を登るためには、一番上のステップに至るまでの過程、つまりステップからステップへの移動でリスクを負う必要がある。こうしたリスクとは、かなりの不快感、不安、あるいは失敗する可能性があるかもしれない。人が最上階に到達できないのは、移動しなければステップからステップへと移動する間の変化に耐えなくてもよいからだ。

ロニーが最初に一番上のステップに到達したとき、彼は途中に散らばる障害物が目に入らない、目隠しをした状態だった。しかし、もう一度登らなくてはならなくなったとき、さまざまな変化にどう対処してよいか分からなくなったわけだ。

障害があることを感じ、またそれらが目に見えたからだ。そこで彼は私がはしごを押さえ、自分が進むべき方向へと導くように望んだのである。

本書の読者のために私が個人的に「はしご」を押さえてあげることはできない。しかし、あなたの「はしご」がぐらつかないように保つのに役立つ基本的なアドバイスをすることは可能だ。

ネガティブな戦略を利用して楽観的で機会ある心理状態を作り出す

自分が悲観主義を生み出す「戦略」に非常に長けているのであれば、それを逆手に取って今度は同じモデルで楽観的で機会ある心理状態を作り出すことができる。

【悲観的モデル】

次のように自分に宣言する。

「相場はひどい状態だ。金を稼ぐチャンスなど全くない。私はお金を失い続けるだろうし、自分のライフスタイルを維持できないだろう」

こうした宣言は次のような絵を描く。

数字を見るのが怖い。家族が家を失い、小さなアパートに家具が運ばれていくのを見る。子供たちは、友だちと別れなければならないので泣いている。

次のように感じ始める。

みぞおちが締め付けられるような感覚。胸を締め付けられる感じ。手のふるえ。

【機会ある楽観的モデル】

次のように自分に宣言する。

「かつて収益性のある戦略を思いつく能力があったのであれば、今の相場で収益を出せるような戦略を思いつく能力がある。もし他人にもできるのであれば、自分にもそれができる。自分の家族が一時的かつ経済的打撃を被ったとしても、自分たちの愛情と互いをいたわる気持ちが、一番大切なものを結びつけてくれるだろう」

こうした宣言は次のような絵を描く。

売買法を再設計している。最初にビジネスを始めたときと同じような情熱があるので、朝になると跳び起きる。自分は家族と集い、家族は過渡期を乗り切るのに必要なサポートを与えてくれる。

次のように感じ始める。

元気。満足。愛。楽観。機会をつかむ準備。

周囲のすべてをコーチする

そう、一時的な打撃はあるだろう。その打撃をもたらすのは相場の悪いニュースであったり、家族や友人あるいは共同経営者であったりするかもしれない。それはかつてのネガティブな戦略の方向に自分を引き戻そうとする可能性がある。

「マイナス思考」は、自分を弱らせるものであり、問題を増やすだけということを忘れないでほしい。建設的でポジティブな方向に行動するため、自分を助けてくれるような前向きな人々を周囲にひきつけよう。さらに助けを必要とするなら、トレードを理解しているプロのコーチを雇う方法もある。

楽観主義と機会を再現したロニー

先日、ロニーから電話があった。彼は自分の考え方を変えることで、自分の人生に驚くべきことがもたらされたと話してくれた。彼は子供のころに変わり、再び大人になって変わった。新しい計画は弱気相場でうまく機能し、相場がもたらすいかなる変動にも対処できるような気がするとのことだった。

また、ロニーは自動車事故で負傷した親友のコーチになった。友人は車椅子の身の上になったものの、ロニーの支援を受けて、自分がなおも一家の大黒柱であり、良き家庭人であり、良き友でいられることに気づいた。そして、自信と生きることへの情熱を取り戻したのだった。医者は彼がもう歩くことができないと言ったが、友人はいつかもう一度歩けるようになると楽観的に考えることにしたのだ。

結論

「楽観的で機会ある心理状態」でいる、ということは選択の問題である。人生で最も困難な状況にあると思われるとき、ポジティブな心の状態を維持するため、基本的に毎日またときには一時間ごとに自分自身をコーチしなければならない。よい考え方と行動力で満たされた心理状態を選んでほしい。

そして途中に生じる問題や障害に立ち向かいながら「はしご」を登り続けるよう自分を鼓舞し続けてくれるメンターやコーチを見つけてほしい。

第33章　喜びと成功を維持する
JOY AND MAINTAINING SUCCESS

私はコーチを依頼してくる投資家やトレーダーに常にしている質問が一つある。この質問にあなたは直感で答えなければならない。

「何があなたの人生に喜びをもたらすのか?」

結局のところ、成功している投資家やトレーダーは、非常に目的意識が強く、規律正しく、野心的である。そうした能力を豊かに持ちながら、自分を幸福にする術を知らないなどということがあるだろうか?　しかし、奇妙なことに、かなりの数の人々がこの質問に答えられないのである。

「はいはい、トグライさん……。仮に、私は何が自分に喜びをもたらすか知らない人々の一人であるとしましょう。でも、それが相場でお金を稼ぐことと何の関係があるんですか?」

その答えは「何が自分に喜びをもたらすか分からなければ、長きにわたって成功への階段を上り続けられないだろう」である。なぜか？

あなたに喜びをもたらすもの

1　事態が悪化したときに自分を支えてくれる

何もかもがうまくいかない日、トレードで重大な損失を経験したとき、親しい友人が亡くなりひどく落ちこんでいるとき、息子が自分の車を破損してしまったとき、あるいは自分の人生にどんな意味があるか疑問に思い始めたとき……自分の人生に喜びをもたらしてくれるものが必要となる。たとえ何かがうまくいっていないときであっても、自分の人生はまだ大丈夫であると思い起こしてくれるよう、それが何であるかすぐに思い出せることは重要なのだ。

2　成功する理由を与えてくれる

私は、成功する理由が全くなかったために、相場で成功する道を放棄してしまった人を何人も知っている。彼らの人生には、彼らが支援し、育成し、完成するのを見届けたいと望むものが何もなかった。

3　前進するエネルギー、熱意、忍耐力を与えてくれる

喜びは血管にエネルギーを与え、足取りを軽くし、上昇気流となる。喜びがあるからこそ、自分の売買システムを一貫し、頭から離れない問題の解決策を探し続けることができるのである。

4　落ち込みと悲観主義と闘える

ネガティブな心理状態にあると、トレーダーは売買シグナルを見過ごし、チャンスを生かすのに失敗する原因となる。また、悲観的だと実際にうつ状態を引き起こし、それはうつ状態を深め、拡大することにつながりかねない。一方、うつ状態によってトレードのキャリアが急激に終了へと追い込まれる可能性もある。

5　自分自身が周囲の人に喜びを与える存在になる

自分がわびしく感じている様子だけを見ていると、あなたの配偶者はあなたを人生の重荷であると感じ始める可能性がある。人生を幸せで楽しくしてくれる人々で人生を満たす必要があると、配偶者が考えているとすれば……。結局、あなたも自分を笑顔にしてくれるような、幸福な人のそばにいたいのではないだろうか？　自分を支え

てくれる良い結婚は、トレーダーが持ち得る最も重要な資産の一つである。

6　より創造的な、より明確な思考を助ける

想像力というのは、心が惨めで、強迫観念に取り付かれているときよりも、心が穏やかなときのほうが、はるかにうまく働く。すばらしい考えや洞察力というのは、心が動揺しているときよりも、心が喜びに満ちているときにひらめくものである。チャンスもあなたが幸福で、前向きであるときほど、多くもたらされるように思う。

もし、いつも悲観主義に凝り固まっていれば、たとえ同じチャンスが与えられていても、それを認識することは困難だろう。最も成功している投資家やトレーダーは、売買判断に自分の直感を信頼のおける指標として利用している。直感が機能するのは、自分の心が穏やかなときだけだ。

7　通常喜びを感じないようなことに、より大きな喜びを感じさせてくれる

「スピルオーバー（溢出）効果」というものがある。人生のある部分に喜びを感じられるとき、その喜びが人生のほかの部分にも「溢れ出る」のだ。したがって、自分が怒ったり、悲観的だったり、動揺したりしているときも同じ効果が働く。喜びとは

逆の感情が、ほかの部分にも及ぶのだ。

個人カウンセリングの顧客であるチャールズは、最初から私に数多くの悲しい話をした。彼の人生がここしばらくうまくいっていないのは明らかであった。妻は彼のもとを去り、子供たちは彼を避け、彼はマネーマネジャーとして成功していたキャリアを放棄してしまったのである。チャールズのところに同居していた親友が、何とか人生を乗り切るようにと彼を励まし、そして私に電話するよう勧めたのだった。

話をしてみると、彼は絶望の淵にいるように思われた。そこで私は彼との会話のなかで何が彼の人生に喜びをもたらしたかを尋ねたのである。すると彼は一瞬ためらって、私にこう言って食ってかかった。

「喜びがこの話にどういう関係があるっていうんだ?」

彼の人生に喜びが全く残っていないことを私は理解していなかったというのだろうか? 私は彼の言葉にひるむことはなかった。喜びは、チャールズにとって重要な問題だったからだ。

彼に喜びをもたらすものが何もなければ、成功している人生から、さらに逸脱してしまわぬよう、彼をつなぎとめる何かを見つけることができない。彼に喜びをもたら

贅沢な環境にいるのに……

す何かがなければ、成功する理由を彼に示すのに苦労することになる。喜びの源泉がなければ、人生を元に戻すという試練に立ち向かうために、彼から興奮、エネルギーや熱意をしぼり出すことができない。

チャールズとの作業で私は、自分を幸福にしてくれたものを楽しんでいたときのことを思い出すよう促した。すると彼が学生時代、サックスを吹くのが好きだったことが分かった。また、彼が歴史に関する物語、とりわけ第二次世界大戦中の潜水艦乗組員に関する本を読むのが好きであることも判明した。さらに子供のころ、彼はコネチカットに住んでおり、森でのキャンプを楽しんでいたことを知った。

こうして作業が進んでいくなかで彼は、自分がいつしかやめてしまったり忘れてしまったりしていた、かつて彼に喜びをもたらしてくれたものがたくさんあることに気づき始めたのである。私はチャールズに、家の近くの美しいノースカロライナの森のなかを歩いて過ごすよう助言した。そして、古いサックスのほこりを払い、再びそれを吹き、第二次世界大戦に関する新しい歴史の本や記述を探すために図書館に行くよう勧めた。

意識的にそうしたわけではない。しかしチャールズは、トレードというゲームに戻るために必要な新しいエネルギーと情熱を見いだし始めたのだった。自分の価値を新たに見直したチャールズに対し、マネーマネジャーとして彼の能力を知っていた仲間たちは、彼が元のチャールズに戻ったことを知って、資本に彼を預けることを強く望んだ。

彼は今、顧客のために稼ぎ、人生をすっかり変えてしまうべくポジティブに歩み始めた。数日前、彼に会ったとき、彼は足取りも軽く、成功者にふさわしい服装に身をつつみ、すっかり楽観的になっていると感じられた。彼が得た教訓とは、かつて自分の人生に喜びを生み出したことをやれるのであれば、まだどん底に落ちたわけではない、ということだった。

もしチャールズのように「あなたの人生に喜びをもたらせたものは何か？」という質問に答えられないなら、気楽に、かつて自分を幸せにしてくれたことをしながら過ごした時代を思い出してみよう。それらを書き出してみれば、そのリストの項目が瞬く間に増えていくことに気づくだろう。

そのなかから、自分の人生に取り戻したい、三つの簡単なことを選び出し、それを実行してほしい。そして相場での仕事に「スピルオーバー効果」が及んだことに気づき、驚くだろう。

結論

何が自分に喜びをもたらすか分かれば、自分の意識とエネルギーを人生のそうした部分に集中させることができる。そこから生じるポジティブなエネルギーは、投資やトレードを含む人生のすべてに波及する。そして成功に至る新たなチャンスが生み出されることになるのだ。

【著者紹介】

エイドリアン・ラリス・トグライ（Adrienne Laris Toghraie）

金融分野での心理学セミナー講師、著者、コーチとして世界的に知られる。神経言語プログラミング（NLP）のマスタープラクティショナー（MNLP）、マスタータイムラインセラピー、臨床催眠療法士（MCH）の資格を持つ。氏の記事やコラムは、さまざまな世界的金融雑誌に掲載されている。

関連ウェブサイト
http://www.tradingontarget.com/
http://enrichinglifeseminars.com/

【訳者紹介】

井上実（いのうえ・みのり）

翻訳家。早稲田大学法学部卒。米国留学後、英字新聞記者として経済・金融分野の取材にたずさわる。その後中国に留学、大連大学東北史研究センター研究員となり中国東北地域の近現代史を中心とする研究に従事。英語および中国語の訳書多数。

2007年 9 月 4 日 初版第 1 刷発行

ウィザードブックシリーズ ⑫④

NLPトレーディング
――投資心理を鍛える究極トレーニング

著 者　エイドリアン・ラリス・トグライ
訳 者　井上実
発行者　後藤康徳
発行所　パンローリング株式会社
〒 160-0023　東京都新宿区西新宿 7-9-18-6F
TEL 03-5386-7391　FAX 03-5386-7393
http://www.panrolling.com/
E-mail　info@panrolling.com
装 丁　パンローリング装丁室
印刷·製本　株式会社シナノ

ISBN978-4-7759-7090-4

【免責事項】

本書で紹介している方法や技術、指標が利益を生む、あるいは損失につながることはないと仮定してはなりません。過去の結果は必ずしも将来の結果を示すものではなく、本書の実例は教育的な目的のみで用いられるものです。

マーケットの魔術師シリーズ

ウィザードブックシリーズ19

マーケットの魔術師

著者：ジャック・D・シュワッガー

定価 本体 2,800 円＋税　ISBN:9784939103407

【いつ読んでも発見がある】
トレーダー・投資家は、そのとき、その成長過程で、さまざまな悩みや問題意識を抱えているもの。本書はその答えの糸口を「常に」提示してくれる「トレーダーのバイブル」だ。「本書を読まずして、投資をすることなかれ」とは世界的トレーダーたちが口をそろえて言う「投資業界の常識」だ！

ウィザードブックシリーズ13

新マーケットの魔術師

著者：ジャック・D・シュワッガー

定価 本体 2,800 円＋税　ISBN:9784939103346

【世にこれほどすごいヤツらがいるのか!!】
株式、先物、為替、オプション、それぞれの市場で勝ち続けている魔術師たちが、成功の秘訣を語る。またトレード・投資の本質である「心理」をはじめ、勝者の条件について鋭い分析がなされている。関心のあるトレーダー・投資家から読み始めてかまわない。自分のスタイルづくりに役立ててほしい。

ウィザードブックシリーズ 14

マーケットの魔術師 株式編《増補版》

著者：ジャック・D・シュワッガー
定価 本体 2,800 円＋税　ISBN:9784939103353

投資家待望のシリーズ第三弾、フォローアップインタビューを加えて新登場!!　90年代の米株の上げ相場でとてつもないリターンをたたき出した新世代の「魔術師＝ウィザード」たち。彼らは、その後の下落局面でも、その称号にふさわしい成果を残しているのだろうか？

◎アート・コリンズ著 マーケットの魔術師シリーズ

マーケットの魔術師 システムトレーダー編

著者：アート・コリンズ
定価 本体 2,800 円＋税　ISBN:9784939103353

システムトレードで市場に勝っている職人たちが明かす機械的売買のすべて。相場分析から発見した優位性を最大限に発揮するため、どのようなシステムを構築しているのだろうか？14人の傑出したトレーダーたちから、システムトレードに対する正しい姿勢を学ぼう！

ウィザードブックシリーズ 111

マーケットの魔術師 大損失編

著者：アート・コリンズ
定価 本体 2,800 円＋税　ISBN:9784775970775

スーパートレーダーたちはいかにして危機を脱したか？　局地的な損失はトレーダーならだれでも経験する不可避なもの。また人間のすることである以上、ミスはつきものだ。35人のスーパートレーダーたちは、窮地に立ったときどのように取り組み、対処したのだろうか？